中国流动人口家庭化迁移与社会融合

◎ 李雅楠 著

ZHONGGUO LIUDONG RENKOU
JIATINGHUA QIANYI YU SHEHUI RONGHE

图书在版编目（CIP）数据

中国流动人口家庭化迁移与社会融合 / 李雅楠著 . -- 北京：知识产权出版社，2022.4

ISBN 978-7-5130-8091-0

Ⅰ . ①中… Ⅱ . ①李… Ⅲ . ①流动人口—城市化—研究—中国 Ⅳ . ① C924.24

中国版本图书馆 CIP 数据核字（2022）第 044818 号

内容提要

近年来，中国流动人口的家庭化迁移和社会融合问题引起社会和学界的普遍关注。本书在梳理中国流动人口最新动态的基础上，重点讨论流动人口的家庭化迁移状况和社会融合问题。通过政策分析和文献整理，本书对家庭化迁移的影响因素、社会融合的资源禀赋、家庭化迁移对社会融合的影响机制进行理论探讨，并基于流动人口动态监测数据，实现相关问题在城市圈这一典型流动人口聚集区域的挖掘和剖析。

本书可作为人口政策学研究人员，以及对此类问题感兴趣的读者朋友的参考用书。

责任编辑：张　珑　　　　　　　　　　　　责任印制：孙婷婷

中国流动人口家庭化迁移与社会融合
ZHONGGUO LIUDONG RENKOU JIATINGHUA QIANYI YU SHEHUI RONGHE

李雅楠　著

出版发行：	知识产权出版社 有限责任公司	网　　址：	http://www.ipph.cn
电　　话：	010-82008574		http://www.laichushu.com
社　　址：	北京市海淀区气象路50号院	邮　　编：	100081
责编电话：	010-82000860转8594	责编邮箱：	laichushu@cnipr.com
发行电话：	010-82000860转8101	发行传真：	010-82000893
印　　刷：	北京中献拓方科技发展有限公司	经　　销：	新华书店、各大网上书店及相关专业书店
开　　本：	880mm×1230mm　1/32	印　　张：	3.75
版　　次：	2022年4月第1版	印　　次：	2022年4月第1次印刷
字　　数：	76千字	定　　价：	35.00元

ISBN 978-7-5130-8091-0

出版权专有　侵权必究
如有印装质量问题，本社负责调换。

目 录

绪 论 / 1

第一章 中国流动人口动态的基本判断 / 8

    一、流动人口总体规模持续扩大 / 8

    二、流动人口基本结构不断调整 / 10

    三、流动人口迁移状态趋于稳定 / 11

    四、流动人口相关问题应对策略 / 13

第二章 流动人口家庭化迁移：演化特征与影响因素 / 16

    一、政策含义 / 16

    二、文献综述 / 18

    三、演化特征：全国层面和省级层面 / 21

    四、影响因素：湖北省案例 / 26

第三章　流动人口社会融合：资源禀赋与空间特征 / 33

　　一、政策含义 / 33

　　二、文献综述 / 36

　　三、资源禀赋：观察城乡一体化新视角 / 38

　　四、空间特征：武汉城市圈案例 / 44

第四章　家庭化迁移对社会融合的影响：来自武汉城市圈的证据 / 58

　　一、文献综述 / 58

　　二、研究设计 / 62

　　三、实证结果 / 70

　　四、结论启示 / 84

参考文献 / 87

附　　录　Pearson 相关系数 / 109

绪 论

在过去的四十多年里,中国经历了快速的城市化进程。随着改革的不断深化,阻碍劳动力流动的体制障碍不断得到清除,大量人口迁移到新的目的地工作和生活,农村剩余劳动力和城镇企业冗余人员明显减少。2011年年末,中国常住人口城镇化率历史性地跨越50%门槛。随着我国人口城镇化进程进入下半场,以内陆向沿海、乡村向城镇为主要流向的迁移人口增速开始放缓。流动人口在总量持续保持高位的同时,规模持续扩大,且迁移的家庭化、稳定化趋势日益明显[1-3]。人口流动极大地促进了流入地城市的建设和经济发展,该群体的经济收入也得到提升,促进了收入分配改善,而享有与本地城市居民平等的公共服务和福利待遇成为了该群体当下的核心发展诉求[4]。

党的十八届三中全会提出的坚持走中国特色新型城镇化道路,

推进以人为核心的城镇化,以及《国家新型城镇化规划(2014—2020年)》的出台,党的十九大报告中提出的"以城市群为主体构建大中小城市和小城镇协调发展的城镇格局""加快农业转移人口市民化",都是对当前流动人口发展诉求和社会发展形势的明确回应。如何在这一背景下,促进流动人口在城市中获得均等的发展机会,享受均等化的基本公共服务和权利,全面参与城市政治、经济、社会和文化生活,最终融入城市社会,是一个关键而又迫切的研究课题[5]。本书旨在深入探讨流动人口的家庭化迁移和社会融合状况,分析家庭化迁移的影响因素,进而探讨家庭化迁移对流动人口社会融合的影响机制,剖析不同家庭迁移模式下流动人口的社会融合困境,尝试为解决家庭化迁移大趋势下流动人口的城市融入问题提供政策启示。

已有研究认为,家庭化迁移作为流动人口迁移的高级形态,对于实现流动人口的真正沉淀并融入城市、共享城市发展成果具有特殊的重要作用[6-8],但家庭迁移模式对流动人口社会融合的影响程度和作用机制,仍有待理论深化和实证检验。通常情况下,人口流动的家庭化有助于流动人口更好更快地融入城市[9],但也有研究显示,流动人口的家庭化趋势并不必然带来城市融入的提高[10,11],相对偏低且稳定的城市定居、落户意愿也为这一观点提供佐证[12,13]。那么,流动人口社会融合的水平如何?家庭化迁移到底如何对流动人口的社会融合产生影响?不同家庭迁移模式下流动人口社会融合面临的主要困境是什么?上述问题不仅是当下流动人口研究领域的重要议题,也是本书要解决的研究重点。

此外,本书以武汉城市圈为研究范围进行实证分析,主要是基于两点考虑:国家发展战略部署和武汉城市圈发展需要。第一,城市群结构体系将是未来承载中国经济、人口聚集的主要地域形态[14];以城市群为主体形态推进新型城镇化,是实施区域协调发展战略的重要任务;流动人口群体是城镇化的核心主体和城市规模增长的主要贡献者。以城市圈为研究视域考察流动人口的迁移规律和社会融合问题,无疑可为国家发展战略从"顶层设计"到"政策落地"提供理论参考。第二,作为协调区域经济增长、改变中部作为区域经济增长"短板"地位的重要支撑,武汉城市圈承载着"实现中部崛起"[15]和"成为推动区域协调发展的新的重要增长极"的重担。以武汉城市圈为研究视域开展流动人口社会融合问题研究,可为其"增强集聚经济和人口的能力,促进流动人口的有序自由流动,实现城市规模结构的不断完善"发展要求提供实践依据。

鉴于此,本书从流动人口动态的基本判断出发,分别对家庭化迁移和社会融合进行深入探讨,进而研究家庭化迁移对社会融合的影响机制,最后尝试根据实证分析结果提出相应的政策建议。需要说明的是,由于流动人口中有相当一部分人口是农业转移人口,因此对已有文献中涉及"农业转移人口""农民工"群体的研究同样被纳入本书的研究概述。多数分析默认针对整个流动人口群体,如有分类讨论,如"农业流动人口"和"非农业流动人口","乡—城流动人口"和"城—城流动人口",会在分析时予以界定和区分。

本书的理论和实践意义主要体现在以下几个方面。

(一) 理论意义

1. 拓展流动人口家庭化迁移与社会融合的研究范围：从全国或重点城市到城市圈

已有相关研究对全国层面流动人口和国内流动人口聚居的重点城市给予了高度关注，这对掌握快速城镇化进程中我国流动人口迁移和社会融合的基本特征与发展趋势极其重要。但不可否认的是，相比全国层面和重点城市流动人口的大量研究成果，分区域的流动人口家庭化迁移与社会融合问题研究，特别是以城市圈为范围的研究较为缺乏。鉴于城市圈建设在新型城镇化推进中的主体地位，我们主要以武汉城市圈为实证研究空间范围，开展对流动人口家庭化迁移规律和社会融合机制的研究，使该问题的研究范围得以扩充和拓展。

2. 丰富流动人口社会融合问题的观察视角：从个体视角到家庭视角

已有研究对流动人口社会融合的考察多是以流动人口个体作为分析单元，研究其个体社会融合程度及影响因素。相比之下，以流动迁移家庭作为分析单元、就差别化家庭迁移模式面临的问题研究仍比较欠缺。虽有部分研究尝试分析家庭化农民工和非家庭化农民工的社会融入差异，以及家庭化流动模式对农民工社会融合不同维度的影响，但流动人口在概念上不能等同于农民工，其内涵比后者更为丰富，流动人口的主体是乡—城流动的农民工（或农业转移人口），同时也包含在城市之间流动的非农业户籍人口[16]。本书将对包含新产业工人❶在内的流动人口群体的家庭化迁移状态进行分析，并探究家庭化迁移对其社会融合的影响机制。将社会融合问题置于流动人口家庭化迁移背景进行分析，拓展和丰富了该主题的研究视角。

3. 深化流动人口家庭化迁移的演化特征：从静态描述或简单对比到连续时序分析

人口迁移作为一种重要的社会经济现象，具有明显的规律性[17]。已有研究多是利用某一静态时点的流动人口样本数据进行迁移特征的深入分析，或是通过对若干不连续时点流动人口样本数据的对比分析，讨论流动人口迁移特征的发展变化，并总结出相应的演变规律。本书依据连续时间序列、统一调查口径的数据进行分析，可以更为精细地揭示一定区域内流动人口迁移模式的变化及发展趋势，弥补了静态研究和简单对比研究在变化描述和趋势判断方面的不足。

（二）实践意义

1. 对流动人口家庭化迁移规律在城市圈层面的把握可为武汉城市圈新型城镇化进程推进提供实践参考

本书在城市圈层面对城市流动人口家庭化迁移的基本情况、特征把握和演变过程描述，对地方政府通盘考虑城市圈发展与新型城

---

❶ "农民工"现多被称作"新产业工人"，本书中除引用文献部分及描述过去客观事实部分保留"农民工"称谓外，其他部分均使用"新产业工人"。

镇化推进具有重要意义，可为地方政府预测城市圈流动人口规模和空间增长、重构城市圈聚居空间、优化城市圈公共资源配置、掌控城市圈发展脉络、探索可持续城镇化发展道路提供有益参考和实践关照，助力武汉城市圈聚焦新型城镇化"成为推动区域协调发展的新的重要增长极"发展目标。

2. 对流动人口家庭化迁移和社会融合的空间差异解析可为差别化流动人口政策制定提供实践支撑

本书对武汉城市圈流动人口迁移模式和社会融合的时间变化及空间异质性研究，可为地方政府详细地考察其发展态势和主要困境，制定更具针对性和前瞻性的人口、就业、住房及落户等相关政策提供实证依据，提升政策的精准性和可操作性，助力空间差别化管理的实施，更好、更高质量地推进"以人为核心"的新型城镇化进程。

3. 对流动人口迁移模式与社会融合的关系探究可为武汉城市圈践行乡村振兴战略提供路径启示

本书对武汉城市圈流动人口迁居模式与社会融合关系的考察分析，可为地方政府掌握城乡发展脉络、探寻高效可持续的城镇化发展道路提供理论指导，同时也可为乡村振兴战略的实践提供可能的突破点。作为城乡融合的强大纽带，流动人口无论最终留城定居还是返乡就业创业，其在流入地和流出地建立的联系及在流入地就业生活积累的资金、技术与观念，都会对其家乡的社会经济生活产生重要影响[18]。因此，探索流动人口在不同迁移模式下的社会融合困境，积极回应流动人口群体尤其是该群体中农业转移人口的核心关切，将有助于乡村振兴战略的落实与推进。

本书的出版得到国家自然科学基金青年项目"流动人口家庭化迁移与社会融合：基于武汉城市圈的实证研究"（71804138）的资助，在此深表谢意。同时感谢国家卫生健康委员会为本研究提供流动人口动态监测数据。

第一章 中国流动人口动态的基本判断

一、流动人口总体规模持续扩大

人口迁移流动是我国改革开放以来社会经济发展中的一个重要现象。制度变革促使中国人口的流动显著增强[19,20]，伴随着大规模的人口流动，中国实现了从计划经济向社会主义市场经济、从乡村社会向城镇社会、从定居生活向迁居生活的发展变迁[21]。

第五次全国人口普查提供了常住人口的全面数据，根据抽样资料的流动人口数量推算，全国的总流动人口为13 116万人，其中跨省流动人口为3392万人。第七次全国人口普查数据表明，我国流动人口规模达到37 582万人，其中跨省流动人口为12 484万人。从20世纪80年代初的657万人，到2014年的2.53亿人，再到2015年的

2.47亿人和2016年的2.45亿人❶，中国的流动人口总量持续保持高位。2010年至2020年，人口迁移规模增长了69.73%，流动人口规模进一步扩大，人口流动依然非常活跃，城镇化动力十分强劲。

我国将流动人口界定为人户分离人口中不包括市辖区内人户分离的人口。也就是说，在一个直辖市或地级市所辖区内和区与区之间，居住地和户口登记地不在同一乡镇街道的人口，不统计为流动人口。从图1-1可以看出，在2020年市辖区内人户分离的人口约1.17亿，与2010年相比增幅巨大，远高于2000年到2010年的增长。同样，省内流动人口规模的增长也十分抢眼。数据表明，短距离人口流动规模剧增，短距离人口流动性大幅增强。

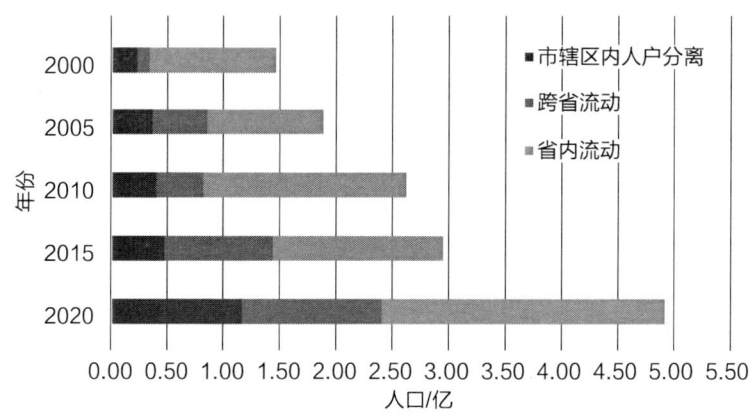

图1-1 历次人口调查的流动人口情况

数据来源：第五次、第六次、第七次全国人口普查数据及2005年、2015年全国1%人口抽样调查数据。

---

❶ 盛亦男. 流动人口家庭化迁居水平与迁居行为决策的影响因素研究[J]. 人口学刊，2014，36（03）：71-84.

二、流动人口基本结构不断调整

近几十年来，中国大规模的人口流动在结构上发生了一定的变化。这里从两个角度进行分析，第一个是流动人口的代际差异。改革开放早期的流动人口以农民工为主，他们的生活方式是更加乡土化的，流动模式、工作类型和人际交往更多受到农业生活的支配和影响。但21世纪以来，流动人口随着代际更替逐步转变了生活方式，他们被称为"新生代农民工"，主要为"80后"和"90后"。新生代农民工更多选择"离土、入城、不返乡"的生活方式，重构与乡土社会的关系。这种差异使得当下的流动人口群体呈现出与上一代流动人口完全不同、但又无法完全与乡土社会"切割"的行为模式和生活需求，城市融入意愿普遍更为强烈。

第二个是流动人口的户籍属性差异。中国的户籍制度是根据地域和家庭成员关系，将人口的户籍属性分为农业户口和非农业户口两种类型。新产业工人群体作为农业转移劳动力，之前被严格的户籍制度限制在农业生产部门。中国经济改革初期，流动人口主要来自经济发展比较落后的中西部农村地区。由于农业转移人口在流动人口群体中绝对的数量优势，在相当长的一段时间里，学术界将流动人口等同于"农民工"群体。随着市场经济体制的深化和国有企业改革的推进，人口流动选择自由度进一步提高，越来越多的非农业人口离开户籍地，从小城市、中等城市甚至中西部大城市流动到东部大城市，以寻找更好的工作机会和生活环境，城—城流动人口的规模和占比均有所上升[22,23]。21世纪的前十年，城—城流动人口增长2569.06万，在流动人口群体中的比例上升0.35%[24]。目前，非农业流动人口作为后发的新型流动群体，已经比较庞大，不容忽视。根据2017年中国流动人口动态调查数据，在16.9万多个流动人口样本中，非农人口与农业人口的比例约为1∶4。非农业流动人口，也就是城—城流动人口的迁移对流出城市影响很大，这些城市通常是中西部地区的中小城市[25,26]。城—城流动人口和乡—城流动人口正在共同重塑着中国的城乡关系，并对城镇化进程产生根本性影响。

三、流动人口迁移状态趋于稳定

（一）家庭化人口迁移成为主流

在早期的流动人口研究中，流动人口迁移模式的差异已经引起了学者们的注意。人口流动的家庭化包含两种基本情况：一种是流动人口在流入地组建家庭；另一种是前期流动的家庭成员逐步带动整个家庭成员的流动。最初的劳动力流动多是非家庭化的，且家庭分居时间存在时间较长[27]。随着流动人口规模的持续扩大，学者们发现夫妻一起流动、投靠亲友流动和全家一起流动的现象越来越普遍[28,29]。根据现有文献，家庭化迁移虽然是一个动态过程，但该特征已成为中国流动人口的重要趋势之一，且已成为学界共识。

流动家庭经过多年发展，其内部也产生了一定的分化，具有较大的异质性。不同的流动家庭拥有不同的资金、知识和社会保障资源,抗风险能力也差异较大。因此,对流动人口家庭化迁移的微观分析和宏观审视同样重要。本书尝试对不同类型家庭化迁移人口的时空特征、资源禀赋和影响因素进行分析,助力流动人口在流入地城市的实际需求对接。

(二)空间聚集特征进一步显著

发展中国家的人口迁移主体往往受到地区工资水平差异的吸引,并以就业为主要目标,在流动中寻求经济回报的最大化,中国也不例外。城乡收入差距是中国人口从农村向城市流动的直接驱动力。为了取得更好的就业机会和工资收入,大多数流动人口选择沿海城市、省会城市和特大城市作为首要的流入目的地,呈现出明显的向经济发达地区聚集的趋势。此外,中国的流动人口在省域层面还呈现出省内迁移为主、省际迁移为辅的分布特征[30]。改革开放早期,我国东部地区由于对外开放时间较早,市场发育水平较高,成为了主要的劳动力吸纳区域。第七次全国人口普查数据显示,我国东部地区、中部地区、西部地区和东北地区人口占比分别为39.93%、25.83%、27.12%、6.98%。与2010年相比,流动人口在东南沿海高度聚集,中西部人口回流,北方省份吸引力下降,人口向经济发达地区和城市群聚集的趋势更加明显。

2020年"北上广深"和成都五座城市流动人口规模均超过840万人,合计占全国流动人口的13%以上。一线城市和二线城市总体常住人口的年均增速显著高于全国平均水平。城市体系中的"马太效应"正在显现,城市人口收缩与扩张并存,新的城市等级体系正在形成。

四、流动人口相关问题应对策略

（一）顺应经济规律、直面改革难题

中国拥有世界上规模最大的国内流动人口。流动人口向发达地区的不断涌入和快速增长使得城市面临诸多挑战，但劳动力流动是伴随经济发展的规律性现象，是与国家的城镇化进程相互促进、相互成就的长期过程，也是发展中国家实现工业化与经济增长的必经之路。与之相伴的人口流动相关问题需要政府和社会直面并科学应对。

城镇化作为现代化水平的重要标志，反映一个国家或地区的社会经济发展状况。2011年年末，中国常住人口城镇化率历史性地跨越50%的门槛；2019年，中国常住人口城镇化率首次突破60%[31]；"十四五"时期计划将常住人口城镇化率提高到65%[32]。预计2030年，我国常住人口城镇化率将达到70%。现阶段我国正处于城镇化快速发展的重要时期和关键节点。

如何看待人口流动带来的各种效应，是学术界、政府部门和社会舆论一直关注的热点。流动人口在中国经济增长中的巨大贡献毋庸置疑。廉价劳动力的流入推动了产业结构的调整，提升了资源配置效率，发挥了比较优势，推动了社会转型，促进了城市建设。但流动人口的涌入给城市带来的环境交通压力、人口流动家庭化带来的公共资源需求及就业竞争引起城市居民的排斥，给城市管理部门带来了一定的难题。

经济发展的客观规律告诉我们，只要增加了经济自由，城市化发展进程就会加快，劳动力流动产生的资源重新配置必然会带来生产效率的提高。在我国城镇化发展的关键时期，打通人口流动渠道可能会带来城市管理的挑战，但从长远来看有利于维护整个社会的稳定和繁荣，有利于推进共同富裕美好社会建设。城乡之间、地区之间生产要素合理流动才能为经济持续增长创造条件，从而规避城乡分割、收入差距扩大。

（二）打通城乡资源、联接城乡纽带

农业转移人口的流动是引起城乡关系变化的重要因素之一，与"三农"问题息息相关。"三农"问题是指农业、农村、农民问题。长期以来"三农"问题受到中央政府的高度重视，从农业基础设施建设和21世纪初的农业补贴政策，到农村公共服务体系建设，再到精准扶贫、乡村振兴战略、共同富裕，"三农"实践不断向高质量的共享发展推进。但近二十年来，我国的快速城镇化引发了各种社会问题，使得政府和学者们不仅关注"三农"问题，而且更加重视对中国城乡关系的审视。

改革开放前，户籍制度的限制导致农业劳动力无法随着农业生产率的提高转移到非农产业，而改革开放之后劳动力的快速转移大幅提高了中国的城镇化率，改善了人口分布结构和产业结构。但中国的城镇化率与国民经济发展之间并不相适应。过快的土地城镇化导致土地粗放利用、粮食安全受到威胁；相对滞后的户籍制度改革使得劳动力流动受到制度性阻碍，导致流动人口定居意愿较弱，并出现诸多留守人口问题。

为了应对种种因城乡生产要素不合理、不均衡配置导致的"城进村衰",2002年党的十六大报告提出统筹城乡发展的战略思想。经过党的历届全国代表大会、中央全会以及中央一号文件的丰富和完善,这一战略思想进一步发展。2007年党的十七大报告提出"统筹城乡发展、推进社会主义新农村建设";2012年党的十八大提出"推动城乡一体化发展";2014年出台《国家新型城镇化规划(2014—2020年)》,强调以人为核心,加快转变城镇化发展方式;2017年党的十九大报告正式提出"建立健全城乡融合发展体制机制和政策体系,加快推进农业农村现代化"的政策方针。实现农业转移人口的高质量城镇化,成为解决多年累积的"三农"问题的重要契机。城乡之间、区域之间劳动力的自由流动一方面增强了城市的集聚效应,另一方面为农业生产效率的提高提供可能。农村劳动力的转移收入是迁移劳动力和留守家庭成员之间经济联系的主要方式,同时也是城市资源向农村转移的重要方式。留守农业人口则可以通过借力城市发展、发挥农村比较优势,建设美丽乡村,提高生活水平。

第二章 流动人口家庭化迁移：
演化特征与影响因素

一、政策含义

（一）家庭化迁移是国家推进高质量城镇化的内在要求

家庭化迁移是当下中国流动人口的重要特征和发展趋势。实现流动人口稳定且高质的家庭化迁移，是发展"以人为本"共享型城镇化的应有之义。2021年国务院政府工作报告提出，"深入推进以人为核心的新型城镇化战略，加快农业转移人口市民化，常住人口城镇化率提高到65%"。

从政府角度来看，新型城镇化的推进离不开乡—城流动人口的迁移和逐步沉淀，流动人口的家庭化迁移是重要的实现路径之一[33]。因此，随着我国流动人口状态进入相对稳定的调整期，把握流动人口"家庭化"特征,尤其是解析"实现家庭化迁移"流动人口群体的流动决策与迁移偏好,对政府因势利导、有的放矢推进"以人为本"新型城镇化进程意义重大。

(二)家庭化迁移是流动人口解决家庭分居、获取更好公共服务的必然选择

家庭成员分居对家庭和睦、社会稳定都有影响,流动人口家庭化迁移涉及流动人口家庭的幸福感、留守儿童抚育教育、留守老人养老等问题。长远来看,留守儿童的教育问题甚至影响国家人口的整体素质和国家创新能力[34]。留守老人面临的主要问题是养老问题,农村普遍缺乏养老机构,基本以居家养老为主。当家中主要劳动力流动外出,留守老人的养老需求则无法满足。

学术界一再呼吁对留守家庭成员的关注,国家也出台一系列政策支持解决留守儿童、留守老人问题[35]。进入"十四五"时期,中国的户籍制度改革已全面加速,除全国20多个重要城市以外,其他城市全面取消落户限制,基本实现"零门槛落户"[36]。政府的相关改革正在逐步清扫流动人口举家迁移的制度障碍,着力推进流动人口的城市融入。对流动人口而言,实现举家迁移意味着家庭生计的重心转移至流入地。研究表明,家庭化迁移不仅有助于缓解留守儿童和留守老人的问题,而且对促进"三农问题"的解决和城市发展具有积极作用[37]。

二、文献综述

学者对人口流动家庭化的研究始于对家庭化特征的判断，如顾朝林等、朱（Zhu）、于学军、周皓、段成荣等学者在全国层面对流动人口的家庭化趋势做出总结[38-42]。翟振武等、侯佳伟、宋晶晶在区域层面的研究也证实了中国流动人口已有明显的家庭化趋势[43-45]。

作为一个重要因素，家庭状况在迁移决策影响因素研究和定居意愿研究中一直受到重视。近年来，学者们开始关注家庭化迁移的影响因素及家庭化流动产生的社会效应。在影响因素方面，周皓认为户主的个体特征、家庭户规模、户内是否有老年人与是否有子女、家庭住房条件均对家庭迁移产生影响[41]。王文刚等通过对京津冀地区流动人口家庭化迁移的研究发现，流动人口的家庭迁移状态受到个体层面的性别、婚姻状况、户籍属性、年龄、受教育程度等因素和家庭层面的家庭规模、子女数量、家庭总收入及家庭成员平均年龄等因素的显著影响[46]。扈新强和赵玉峰认为对流动人口家庭化迁移产生影响的因素包括个体层面的代际差别、职业类型，家庭层面的婚姻状况、子女数量、家庭收支比及社会层面的户籍制度、居留时间、经济发展水平等[47]。马肖曼通过对新生代流动人口家庭迁移模式影响因素的分析，指出人力资本特征（职业和收入）显著影响家庭迁移模式的选择，迁移范围、长期居住意愿同样对家庭迁移模式产生影响[48]。杨中燕等运用多元回归分析法对影响核心家庭人口流动模式选择的因素进行研究，认为受教育程度、子女数量、流入地收入、往老家汇款金额、流动夫妻初婚初育年龄的大小等因素不同程度地对其流动模式产生影响[49]。高健等认为农民工家庭劳动力的城镇务工状态及其农村经济状况是影响其迁移状态演进的决定性因素[50]。盛亦男指出，经济水平是影响流动人口家庭迁居的刚性因素，向老家的汇款金额、流动人口网络信息、家乡拥有的实物资本、人力资源禀赋、家庭规模、未成年子女数量、迁入地的社会融入状况均对流动人口家庭化迁居水平产生不同程度的影响[51]。吕利丹等以重庆市为例研究阻碍流动人口子女随迁的影响因素，指出影响因素在儿童特征、父母特征及家乡居住条件等多个层次上同时存在，其中父母特征是最主要的因素[52]。赵海涛和朱帆将城市差异纳入迁移模式的分析框架，探讨已婚农业转移人口的家庭联合迁移决策，认为在家庭分工模式下，丈夫更容易外出务工以缓解家庭经济负担，且更加偏好流动到超大城市；夫妻双方同时外出务工已成为乡城迁移的主要形式（占迁移家庭样本的48.33%），且主要以同时迁移至超大城市以外的其他城市为主[53]。流动人口迁移是个人或家庭的决策行为，理应突出个体特征和若干社会结构特征，如性别、年龄、教育水平、收入水平、家庭规模、子女数量、城市制度安排等因素。但流动人口家庭化迁移不仅与其个体特征和家庭特征紧密相关，显然还可能受制于流入地城市的地区性因素。虽然有部分学者将区域差异纳入分析框架，已有研究对城市圈这一"城市—区域"系统的关注仍不够充分。

在家庭化流动产生的社会效应方面，马骖认为流动人口家庭化迁移对女性就业有明显的阻碍作用，随迁子女数量、女性流动个体特征及流动特征等是影响女性就业的主要因素，女性就业率劣势可能会随着人口流动长期化发展得到相应补偿[54]。张丽琼等通过研究发现，不同的家庭化流动模式对其就业状况的影响有显著的性别差异：实现完整家庭流动的女性呈现就业率低和就业不稳定的特征，家庭化流动对男性的就业稳定性有显著的促进和提升作用[55]。杨永贵和邓江年研究发现家庭化流动可显著提升农民工在城市的消费水平[56]。陈素琼和张广胜、杨发萍、宋旭光和何佳佳关注家庭化迁移对幸福度、城—城流动人口养老保险参与和代际流动等的影响[57-59]。

从研究范围来看，目前大量的流动人口迁移规律研究主要基于全国范围的调查数据（如流动人口动态监测数据、人口普查数据等）展开，多聚焦于全国层面、省域层面或极有限重点城市的家庭化迁移趋势分析，其研究结果具有较强的普适性和代表性，对于把握我国流动人口群体的迁移状况与发展趋势具有重要参考价值。部分研究基于某些省份或重点城市（如北京、上海等）数据，对流动人口的迁移规律展开了研究，但研究结果缺乏一致性。这说明流动人口迁移特征的复杂性及在不同地区或不同城市存在异质性。

三、演化特征：全国层面和省级层面

（一）基于全国层面数据的分析

改革开放之初，外来务工人员多为单身或已婚男性，他们不带家人外出打工谋生。2000年至2010年，越来越多的家庭成员参与到迁移中来。2011年流动人口动态监测调查数据显示，近70%的流动人口与其家庭成员居住在一起。根据2017年流动人口动态监测数据，单独一人迁移的流动人口只占24.0%。

目前研究对家庭迁移的定义和分类存在差异，主要原因在于对"家庭"的界定不尽相同，并且研究数据来源比较多样[57,60]。对家庭化的定义主要有"血缘关系"说、"一对夫妻"说、"核心家庭"说和"携眷形成"说等，其中比较有代表性和普遍采用的是"以婚姻或血缘关系为基础的家庭"理论，即家庭迁移是指一个以上的家庭成员（配偶或有血缘关系的亲属）共同居住在流入地城市[61]。根据不同的"家庭化迁移"界定，学者们分别对家庭化迁移的发展程度和主要趋势进行了估计[62-64]。根据2011年和2015年的全国流动人口调查数据，"核心家庭"流动模式，即流动人口的配偶和子女共同迁移的模式，正在迅速取代"独自迁移"和"夫妻迁移"模式，这些模式曾在早期的、大龄的新产业工人群体中盛行。2011年的流动人口动态监测调查数据显示，若将家庭化迁移的"家庭"界定为核心家庭成员，那么近2/3的核心家庭实现了完整的家庭化流动。

此外，家庭化迁移的过程也受到了学者们的关注。有研究者认为,家庭化迁移为增量迁移,多为分批到达,即通常有先驱者和跟随者,且迁移的批次间隔通常渐次缩短[44, 65]。

(二)基于省级层面数据的分析

本章使用的数据来自国家卫生健康委员会开展的全国流动人口动态监测调查数据2013年至2015年湖北省问卷A部分。问卷内容涵盖流动人口的基本特征、流动状况、就业状况、社会保障和卫生医疗等多个方面。除2013年仙桃市和天门市、2014年鄂州市和潜江市、2015年天门市无数据外,问卷样本点基本覆盖武汉"1+8"城市圈。问卷调查对象为在本地居住一个月及以上,非本区(县、市)户口的15~59周岁的男性和女性流动人口❶。样本总量分别为5999户(2013年)、5998户(2014年)和6000户(2015年)。

1. 流动人口家庭规模小型化、稳定化

湖北省流动人口的平均家庭规模❷为2~3人/户,家庭规模在2人/户和3人/户的比例均超过半数(2013年66%;2014年65%;2015年66%)。与全国范围的研究结论相似[55],湖北省流动人口已进入以家庭化迁移为主要特征的阶段,且各种迁移状态的比例结构基本稳定(见图2-1)。

---

❶ 2013年和2014年问卷调查对象的年龄限制为15周岁至59周岁;2015年问卷调查对象的年龄限制为15周岁及以上。

❷ 此处的家庭规模是指流动人口在流入地同住的家庭成员数量。

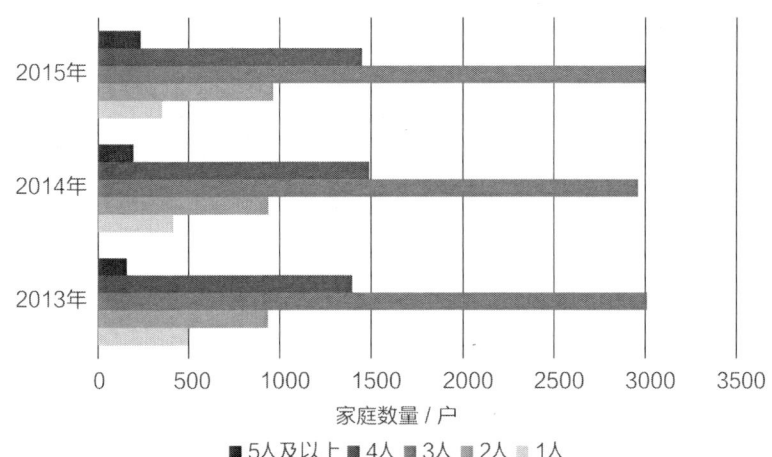

图 2-1 2013—2015 年湖北省流动人口家庭规模分布

2. 家庭化迁移模式与流动范围、户籍属性和子女数量关系

本章对于家庭化迁移模式的分析,主要基于已有研究对核心家庭的界定,将"未育夫妻""夫妻和未婚子女"作为核心家庭。为了更好地考察流动人口迁移决策与各种因素,尤其是家庭因素的关系,本章在进一步分析中将未婚者剔除,以更好地分析已婚者的迁移决策影响机制。

借鉴已有研究,依照核心家庭成员的完整程度,将流动人口的迁移状态划分为三类:第一类,非家庭化迁移,即仅有一人在流入地居住,无其他任何核心家庭成员;第二类,半家庭化迁移,即仅有部分核心家庭成员在流入地共同居住,存在核心家庭成员的缺失;第三类,完全家庭化迁移,即核心家庭成员以完整的形态在流入地居住,不存在任何一名核心家庭成员的缺失。

图 2-2 描述 2015 年湖北省已婚流动人口迁移范围与家庭化迁

移模式的比例分布，其中流动范围为市内跨县的流动人口，实现完全家庭化迁移的比例最高，随着迁移范围的增大，该比例逐步降低；但半家庭化迁移的比例则逐步增加。这表明在同等情况下，就近迁移的流动人口更易实现完全家庭化迁移。

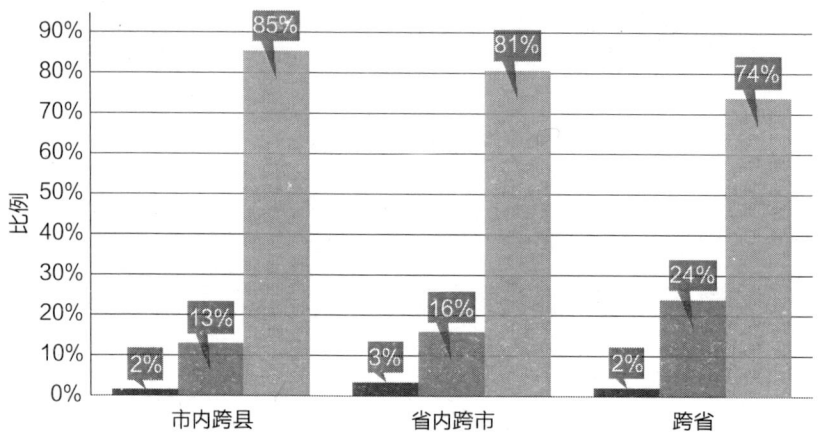

图2-2　2015年湖北省不同流动范围的流动人口家庭化迁移模式分布

表2-1中的数据表征2015年湖北省流动人口户籍特征与家庭化迁移模式之间的关系。虽然湖北省已婚流动人口中，农业户口的户数约占总样本数的87%（样本总数为5341），但迁移模式的分布极为相近。由此可知，户籍特征并没有成为影响家庭化迁移模式的重要因素，也就是说在现阶段，户籍身份并没有成为湖北省流动人口家庭化迁移决策的促进或阻碍力量。

第二章 流动人口家庭化迁移：演化特征与影响因素

表 2-1 2015 年湖北省户籍特征与家庭化迁移模式

户籍属性	非家庭化迁移		半家庭化迁移		完全家庭化迁移		样本量
	频数	比例/%	频数	比例/%	频数	比例/%	
农业户口	96	2	796	17	3740	81	4632
非农户口	30	4	103	15	576	81	709

图 2-3 描述 2015 年湖北省拥有不同子女数量的流动人口家庭，其家庭迁移模式的分布情况。从比例来看，子女数量越多，实现完全家庭化迁移的比例越低，但半家庭化迁移的占比随之增加。这一数据特征标明，与子女数量更多的家庭相比，子女越少越容易实现完全家庭化迁移。已有研究对子女数量的研究较为深入，通过对"时间效应"和"经济负担"的分析，实现对已婚流动人口在不同子女数量、不同子女年龄情境下迁移模式选择机理的解释[59]。

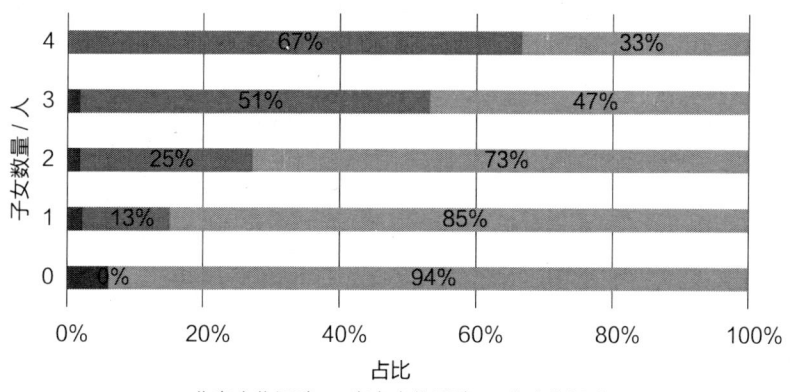

图 2-3 2015 年湖北省不同子女数量的流动人口家庭化迁移模式分布

总而言之，整个湖北省包括武汉城市圈的流动人口，家庭化迁移趋势已十分显著，流动人口平均家庭规模稳定在3人户。通过对湖北省已婚流动人口样本的描述统计，发现流动范围为市内跨县、省内跨市、跨省的流动人口，实现完全家庭化迁移比重依次降低，但实现半家庭化迁移比重依次增加。不同户籍的流动人口在家庭化迁移模式的分布中并未表现出明显差异。

四、影响因素：湖北省案例

（一）模型设定

本章采用2015年湖北省流动人口动态监测数据，运用Mlogit模型估计武汉城市圈流动人口家庭化迁移决策的影响因素。前文对流动人口家庭化迁移的分析采用的是湖北省样本中人口特征为已婚的流动人口。鉴于城市圈建设在新型城镇化推进中的主体地位，本章分析对城市圈这一"城市—区域"系统给予特别关注。分别对武汉城市圈样本❶和湖北省样本进行估计，并对两组已婚流动人口数据进行结果对比。

表2-2为两组样本的解释变量描述性统计。样本一为武汉城市圈"1+7"（除天门市）城市数据，样本量为2467；样本二为湖北省样本，包括武汉城市圈"1+7"、恩施州、荆门市、荆州市、神农架、十堰市、随州市、襄阳市和宜昌市数据，样本量为5341。

---

❶ 2015年流动人口数据中除天门市外，武汉"1+8"城市圈各城市均有样本覆盖。

表2-2 解释变量的描述性统计

样本一：武汉城市圈样本					样本二：湖北省样本				
变量	样本量	均值	最小值	最大值	变量	样本量	均值	最小值	最大值
性别（取值为女0男1）	2467	0.50	0	1	性别（取值为女0男1）	5341	0.51	0	1
年龄	2467	35.77	19	74	年龄	5341	36.26	18	80
初中及以下	1675	1	1	1	初中及以下	3606	1	1	1
高中/中专	552	2	2	2	高中/中专	1303	2	2	2
大学专科及以上	240	3	3	3	大学专科及以上	432	3	3	3
户籍性质（取值为农业0非农业1）	2467	0.15	0	1	户籍性质（取值为农业0非农业1）	5341	0.13	0	1
流动时长（月）	2467	58	1	341	流动时长（月）	5341	61.81	1	443
市内跨县	535	1	1	1	市内跨县	2080	1	1	1
省内跨市	1295	2	2	2	省内跨市	1911	2	2	2
跨省	637	3	3	3	跨省	1350	3	3	3
家庭规模	2467	3.10	1	7	家庭规模	5341	3.10	1	7
子女数量	2467	1.31	0	4	子女数量	5341	1.29	0	4
月工资（元）	2467	6937	0	160 000	月工资（元）	5341	6320	0	160 000
就业身份（取值为非雇主0雇主1）	2467	0.05	0	1	就业身份（取值为非雇主0雇主1）	5341	0.07	0	1

续表

样本一：武汉城市圈样本					样本二：湖北省样本				
变量	样本量	均值	最小值	最大值	变量	样本量	均值	最小值	最大值
城市特征（取值为城市圈非中心城市0 中心城市1）	2467	0.71	0	1	城市特征（取值为其他城市0 省会城市1）	5341	0.33	0	1

对于流动人口来说，家庭化迁移模式主要有3种，由被解释变量 Y 代表。依照前文所述并将流动人口的三种流动模式分别由 M_0、M_1 和 M_2 表示。M_0 表示非家庭化迁移，M_1 表示半家庭化迁移，M_2 表示完全家庭化迁移，其中 M_2 完全家庭化迁移为对照组。X_i 代表第 i 个样本的解释变量，包括流动人口的个人特征、流动特征、家庭特征、就业特征和城市特征。设：

$$M_0^* = f_0(X) + \varepsilon_0 = \alpha_0 + \alpha_1 X_i + \varepsilon_0$$
$$M_1^* = f_1(X) + \varepsilon_1 = \beta_0 + \beta_1 X_i + \varepsilon_1 \quad (2\text{-}1)$$
$$M_2^* = f_2(X) + \varepsilon_2 = \varepsilon_2$$

其中，X 是解释变量，X_i 是第 i 个家庭迁移决策的解释变量，$f(X)$ 是拟合函数，α 和 β 是拟合参数，ε 是随机扰动项。M_2 被设定为基决类别，其参数值被设定为0。

（二）实证结果

考虑三种迁移模式的样本量分布❶，本章选择完全家庭化迁移模式（M_2）为参照组。表2-3列出了两组数据的logistic regression模型估计结果，表中估计系数均是基于参照组（M_2）得出的。模型回归拟合结果显示，除了部分因素的回归参数比较显著，多数变量对流动人口迁移模式的影响在统计上并不显著。

从个人特征看，湖北省样本中，相比完全家庭化迁移的流动人口，非家庭化迁移流动人口的年龄因素显著促进了其实现完全迁移，且这种影响存在拐点；半家庭化迁移模式中，性别因素则对其向完全家庭化迁移的转变产生了积极影响，也就是说，男性家庭成员对应的半家庭化迁移模式与女性家庭成员对应的半家庭化迁移模式相比，更易发展为完全家庭化迁移，这可能与女性随男性迁移的行为模式更为普遍和容易有关。

从流动特征和就业特征来看，流动时长和流动范围、工资水平和就业身份并没有显著影响迁移模式的选择，无论是城市圈样本还是湖北省样本。与之相反，家庭特征则在两组样本中与迁移模式显著相关。家庭规模在表中参数为负且显著，由于我们以"完全家庭化迁移"为基准，且遵循从"半家庭化迁移"向"完全家庭化迁移"转变的逻辑，因此参数的实际正负与表中相反。在城市圈样本

---

❶ 城市圈样本的家庭化迁移模式分布为：78（M_0）、389（M_1）、2000（M_2）；城市圈扩展样本的家庭化迁移模式分布为：126（M_0）、899（M_1）、4316（M_2）。

表2-3 家庭化迁移模式影响因素的回归结果

迁移模式		性别（取值为男1女0）	个人特征			流动特征			家庭特征		就业特征		城市特征
			年龄	年龄平方	受教育水平	户籍性质	流动时长	流动范围	家庭规模	子女数量	ln（月工资）	就业身份	
武汉城市圈样本													（取值为中心城市1非中心城市0）
	M_0	-0.562	-0.129	0.001	0.103	0.791	0.004	0.034	-49.802	8.792	-1.275	2.190	-0.166
		(2583)	(1198)	(15)	(2685)	(4427)	(22)	(2037)	(6027)	(2104)	(3391)	(5066)	(2994)
	M_1	-0.657	-0.174	0.002	-0.566	0.869	0.004	0.319	-8.507***	8.365***	-0.116	1.116	-0.932**
		(0.434)	(0.133)	(0.002)	(0.410)	(0.627)	(0.004)	(0.299)	(0.520)	(0.596)	(0.483)	(0.761)	(0.453)
湖北省样本													（取值为省会城市1其他城市0）
	M_0	-0.612	-0.367**	0.004*	-0.289	1.033	0.001	0.238	-15.674***	7.472***	-0.690	1.404	0.277
		(0.609)	(0.183)	(0.002)	(0.548)	(0.875)	(0.005)	(0.378)	(0.781)	(0.661)	(0.675)	(1.111)	(0.668)
	M_1	-0.501*	-0.079	0.001	-0.163	0.443	0.000	0.140	-8.173***	8.388***	0.197	0.094	-0.737**
		(0.268)	(0.080)	(0.001)	(0.244)	(0.390)	(0.002)	(0.164)	(0.314)	(0.384)	(0.289)	(0.507)	(0.313)

注：括号内数值为估计标准差。
*** ($p<0.01$)、** ($p<0.05$)、* ($p<0.1$) 分别代表估计值在1%、5%、10%水平下显著。

中,半家庭化迁移模式的家庭规模显著促进其实现完全家庭化迁移;在湖北省样本中,家庭规模对非家庭化迁移模式和半家庭化迁移模式的影响,同样是显著正向的。由此可知,在平均家庭规模为2~3人的小型化家庭样本中,举家迁移的成本与大型家庭相比并不高,核心成员的增加很可能使得完全迁移的边际效益增高,促使其实现家庭集聚。

模型结果显示,子女数量在流动人口的非家庭化迁移、半家庭化迁移及完全家庭化迁移模式的发展变化中,起着非常重要的抑制作用。从两组样本的对比中可以发现,这种作用在流动人口从半家庭化迁移模式向完全家庭化迁移模式转变过程中更为显著。流动人口子女随迁,意味着夫妻双方投入更多的时间成本和经济成本,因此子女越多,已婚流动人口实现完全迁移的阻力更大、概率更低。

城市特征对流动人口迁移模式的影响,在半家庭化迁移模式和完全家庭化迁移模式的对比中显著为正,即与湖北省其他城市相比,武汉市的流动人口更易从半家庭化迁移模式转变为完全家庭化迁移模式。但是这种城市特征对非家庭化迁移状态的已婚流动人口(仅一人迁移)并未产生显著影响。

(三)结论启示

已婚流动人口样本回归结果显示,流动特征、就业特征和多数个人特征,如受教育水平、户籍性质,对迁移模式的影响在统计上并不显著;家庭化迁移模式主要受到年龄因素、家庭规模、子女数量和城市特征的影响。首先,在湖北省样本中,性别因素显著影响流动人口从半家庭化向完全家庭化转变；年龄因素则在非家庭化和完全家庭化对比间显著为正且存在拐点。其次，家庭规模同时在两组样本中，对完全家庭化迁移的作用显著为正，考虑到平均家庭规模较小，可以从迁移成本相对较低的视角对其合理解释；总体上，子女数量增多对完全家庭化迁移是显著抑制的，这一点也与已有研究中更加细化的"子女对夫妻两方各自影响"差异研究结论基本一致。最后，城市特征因素在两组样本中均显著影响了半家庭化迁移向完全家庭化迁移转变，即武汉市流动人口，从半家庭化迁移状态到实现完全家庭化迁移，相比湖北省其他城市可能性更大。

基于上述结论，为了更好推进流动人口的稳定迁移、推动城市圈发展与人口流动和谐发展，政府和相关部门应在以下四个方面积极引导：首先，对于流动人口中具有年龄优势、家庭化迁移意愿和能力较强、举家迁移负担较轻的群体，减少其流动的制度性障碍，减少迁移阻力，提高家庭化迁移的效率和质量；其次，对于短期无法实现半家庭化迁移、完全家庭化迁移的流动人口，依托经济条件相对优良的流出地城市，更好地解决留守家庭成员的照料和教育问题，缓解已流出家庭成员的老幼照料和抚育难题，减轻精神压力、增强幸福感；再次，关注家庭随迁人员的就业需求，提高家庭整体劳动生产率，鼓励其在流入地稳定就业和社会融入；最后，对于城市圈中心城市武汉，充分发挥其公共资源的规模优势，更多关注流动人口随迁老人及子女的医疗、托幼和教育需求，增强其稳定入迁意愿。

第三章 流动人口社会融合：
资源禀赋与空间特征

一、政策含义

（一）流动人口社会融合是国家城乡一体化发展的重要内容

自改革开放以来，中国经历了前所未有的城镇化。随着人口流动强度的持续加大，中国的城乡关系发生了巨大的变化——城镇化带来的不仅是经济社会的发展，也带来城乡发展的不平衡[66, 67]。我国农村地区在剧烈的经济社会转型下出现了土地粗放利用、耕地流失和"农村病"等问题，土地城镇化速度远快于人口城镇化[68]，农村经济出现严重衰退[69-71]。为了缩小城乡差距，实现城乡协调发展，中国政府在21世纪初提出城乡统筹发展战略思想。该思想经过不断完善和发展，衍生出"城乡一体化发展""新型城镇化"

和"乡村振兴"等一系列国家战略,旨在提高城乡资源利用效率,生态系统可持续性发展,实现共同繁荣[72]。随着市场经济改革的深化、户籍制度的渐进式改革,城乡分割局面在经济增长和政治稳定的全新格局下逐步被打破。

学术界也对城乡一体化发展开展了扎实且深入的研究,包括城乡差异评价、城乡转型、农村土地结构调整等内容,为调整人地冲突、优化城乡资源配置提供了理论和实践指导,为城乡一体化发展做出重要贡献[73-81]。最新发布的第七次全国人口普查数据显示出中国人口流动的强劲态势。人口流动作为城乡资源流动的主要驱动力,正在重塑中国的城乡体系。人口流动本身就是资源流动的一个重要标志。流动人口可自主地以多种方式对其拥有的各种资源进行安排和配置。具体来说,流动人口空间位置的变化会导致资源供需状况的变化,进而带动耕地、住房、医疗、教育等相关资源的重新配置。中国的人口流动体现了劳动力在产业体系各部门内的优化配置,但流动人口所拥有的资源并没有成为城乡一体化发展的有力支撑。不仅如此,公共服务的制度性隔离使得流动人口的社会融合更加困难。具体来说,农村流动人口很难将自己的农田和宅基地转化为城市生活的原始资本积累;城市流动人口虽然在教育、信息、住房、社会资本方面有更好的资源积累(与农村流动人口相比),但在流入地城市社会福利方面总体上仍处于弱势状况。由于流动人口规模庞大且数量仍在不断增加,其社会融合问题不仅影响该群体的个人发展和心理健康,对社会凝聚力和城市和谐稳定也会产生不小的冲击。总之,中国的城镇化是一个未完成的工程,它仅仅完成了劳动力资源和产业资源的配置,并带来流动人口这个社会上边缘化和经济上很脆弱的群体。实现该群体的社会融合、解决其长远发展中的"痛点",是我国城乡一体化发展和新型城镇化战略的核心任务之一。

(二)流动人口社会融合是评判城乡资源流动质量的重要参考

城乡一体化作为城乡统筹发展的重大战略已在全国范围内实施多年,其关键在于构建促进城乡资源自由流动的机制,培育相互促进、相互补充、共同繁荣的城乡关系[82]。城乡一体化系统是一个涉及经济、社会、文化和生态的复杂系统,已有研究中基于土地要素和产业要素的城乡转型研究已被充分阐释[83-85]。例如,在土地整理、农业生产和环境保护等研究领域学者们构建了多种土地利用模型用于指导城乡平衡发展[86],但鲜有研究基于人口要素对城乡资源流动机制进行探索。

城乡资源流动主要体现在人口、土地、产业等方面,特别是在城市群区域[87]。其中,流动人口是联接各种城乡资源的良好纽带。人口流动通常被认为是城乡转型的直接驱动因素,它在就业模式、产业结构和土地利用类型的转变中起着至关重要的作用[88-90],中国流动人口的庞大规模和快速增长更是加速了城乡关系的变化。另外,在城乡互动的诸多要素中,人口要素是唯一拥有迁移决策权和资源配置决策权的主体,也是城乡一体化发展的最终受益者。从流动人口的视角考虑城乡一体化,有助于更好地理解人口流动在城乡互动体系中的重要意义,有助于促进流动人口社会融合的政策制定。

从资源配置的角度看，流动人口在流入地城市的社会融合程度是衡量城乡资源流动质量的重要参考。也就是说，可以通过揭示与流动人口相关的资源互动来阐释城乡一体化发展。流动人口成功融入城市体系，说明劳动力资源得到充分利用，其人力资源价值得到充分体现；同时也意味着流动人口在城市便利设施和公共服务方面的需求基本得到了满足；通常情况下，成功实现城市融入的流动人口的认同感和定居意愿一般会比较强烈。总之，实现流动人口相关资源的高效率流动，包括农村土地流转和城市资源共享，与城乡一体化发展内在要求高度契合，是城乡协调发展的充分体现。

二、文献综述

随着城乡一体化、城乡融合发展等一系列国家战略的实施，流动人口的社会融合已成为一个重要的政策问题和学术热点。社会融合是指人口融入社会系统的过程和适应程度[91]，主要包括社会中的平等权利和机会、共同的价值观念和社会系统之间的信任[92]。由于基本相同的民族出身和宗教信仰，国内流动人口的社会融合往往被认为不像跨国移民那么困难[93]。然而，国内流动人口与"当地人"未必比跨国移民更加同质化[94]，特别是在人口众多的国家。中国的国内流动人口，特别是农村流动人口，在社会、文化和经济特征上与流入地不尽相同，他们通常倾向于认为自己是外来人口[95]。在某种程度上，与跨国移民的弱势地位相似，中国的国内流动人口在社会融合上面临着与跨国移民同样的挑战。

西方国家对跨国移民社会融合的研究形成了一些理论,如芝加哥学派的经典同化理论、结构同化理论和分段同化理论等[96-98]。在跨国移民社会融合研究的背景下,学者们尝试对中国流动人口社会融合的概念和测度进行多维解构。周皓、杨菊华、任远等、穆光宗和江砥认为,流动人口社会融合涉及经济、就业、行为、社会关系、心理适应、文化和身份等多个维度[99-102]。虽然学术界对社会融合的维度并没有统一的表述,但学者们主要从经济、社会关系、心理和文化四个方面来进行衡量[103],其中具有代表性的有布勒(Buller)和霍加特(Hoggart)、塞弗特(Seifert)、王春光、任远和乔楠、悦中山等、纪韶、罗贾斯(Rojas)等、王(Wang)等[104-111]。此外,生活条件、身体状况、个人安全、生活满意度和对生活的信心等维度也在一些文献中被纳入测算[112]。近年来,由于中国特殊的社会经济环境和社会融合相关政策的大力推进,学者们对社会融合的研究也强化了政治因素和公共服务维度,主要包括公民身份、政治参与、就业权利、子女教育、归属感等[113, 114]。

针对社会融合产生的影响研究,高雅和董志勇通过研究发现社会融合有利于农民工选择自我雇佣[115]。邹静等指出社会融合对流动人口的居住选择影响显著[116]。赫雷罗(Herrero)和格雷西亚(Gracia)认为社会融合对增强西班牙的拉丁美洲移民主观幸福感有积极作用[117]。关于流动人口社会融合影响因素的研究概述,笔者将在下一章内容中详细介绍,此处不再展开。综上,国内外研究对移民群体或流动人口群体社会融合的内涵进行了较为充分的解构,且形成了相对成熟的理论框架,为本章提供了良好的基础和借鉴。

三、资源禀赋:观察城乡一体化新视角

一般来说,人口流动所涉及的资源主要有三类:土地(包括房屋、农作物、树木等附着物),人口和信息。考虑资源的可测量性和后续的实证研究,本章主要对土地要素和人口要素在城乡资源流动中的状况进行阐述,并构建概念框架以表征基于人口要素的城乡资源流动(见图3-1)。构建与流动人口相关的资源流动概念框架,为解释城乡一体化机制提供了全新的视角。

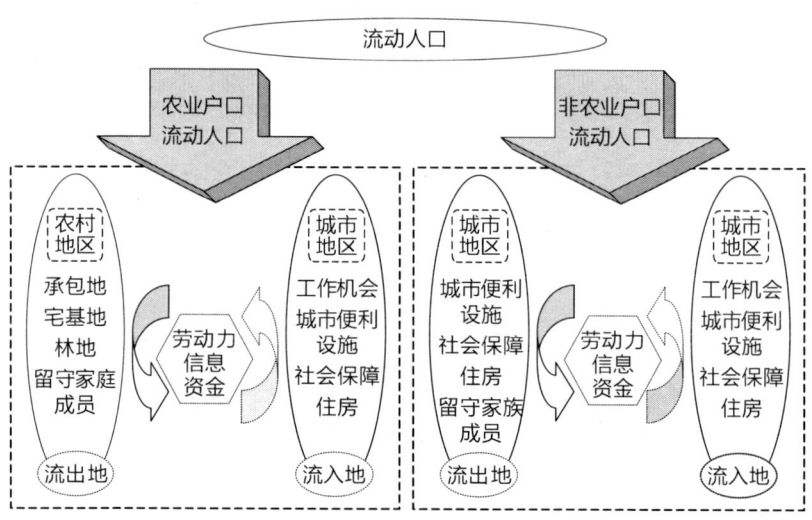

图 3-1 以人口要素为主导的城乡资源流动概念框架

中国流动人口的结构在近几十年发生了巨大的变化。1958年，中国确立了户籍制度并延续至今❶，其初衷是为了约束城乡人口和劳动力的流动，以确保资本稀缺经济中重工业优先的发展战略。户籍制度根据地域和家庭成员关系将公民的户籍属性划分为农业户口和非农业户口。在改革开放初期，中央政府和地方政府采取了适当放宽人口迁移的政策措施。此时中国的流动人口基本由农民工（农业转移人口）组成，他们主要来自经济上相对落后的中西部地区[118]。在相当长的一段时间里，学术界将农民工作为流动人口群体的代称。随着国有企业改革的深化和市场经济体制的发展，越来越多的非农人口离开户籍地，流动到其他城市以寻求更好的工作机会和生活水平。目前，非农流动人口的规模已经大到不可忽视的程度。根据2017年全国流动人口动态监测数据，在超过16.9万份样本中非农流动人口与农业流动人口的比例在1∶4左右。非农流动人口，即城—城流动人口，对流出地和流入地的人口规模有巨大影响，进而影响中国的城市体系。综上，乡—城流动人口和城—城流动人口正在共同重塑着中国的城乡体系。因此，考虑到流动人口的基本组成和制度属性，分析框架基于流动人口的两个类型展开，即乡—城流动人口（农业流动人口）和城—城流动人口（非农业流动人口）。

---

❶ 1958年，全国人民代表大会常务委员会通过了《中华人民共和国户口登记条例》，确定在全国范围实施户籍管理制度。

(一) 农村土地资源

农业流动人口,即乡—城流动人口通常把农村的耕地和宅基地的使用权作为他们未来生活的基本保障。中国的土地制度赋予农业人口土地使用权,但农村土地的所有权在村集体或国家[119],这意味着农民不能将自家的农地和宅基地出售(根据最新的《中华人民共和国土地管理法实施条例》,国家允许进城落户的农村村民依法自愿有偿退出宅基地[120])。在没有成熟的农村土地租赁市场情况下,农业流动人口宁可把土地交给留守家庭成员进行耕种(通常产量比较低)甚至撂荒,也不愿轻易放弃土地使用权。加之流入地城市在养老、住房、医疗、教育等方面存在制度性隔离,农业流动人口很难放弃所拥有的农地使用权,尤其是那些经济状况较差、社会资源较匮乏的农业人口。农业流动人口可能通过迁移摆脱农业,但无法彻底摆脱农村。

而激活农村土地资源的关键在于提高农民农地的使用权流转率及宅基地使用效率[121]。可喜的是,国家有关部门已经出台了一系列政策,完善农村土地租赁市场,推进农业规模经营[122],这对提高农村土地使用效率有很大助益。

(二) 城市住房资源

首先,非农业流动人口,即城—城流动人口在流入地城市与农业流动人口一样,受到户籍制度带来的隔离和排斥,但该群体通常在资源积累方面比农村流动人口优越,其中最为重要的资源就是住房。有一部分城市人口在20世纪90年代通过住房改革拥有了私有住房，随着城市住房市场的完全货币化和社会经济的高速发展，这些私有房产逐渐升值。虽然拥有城市不动产的非农业流动人口占比并不大，但其房地产财富的积累有效提升了这部分流动人口及其后代在流入地城市拥有住房的概率。相比之下，农业流动人口手中可变现的资源就十分有限，这也导致了其在流入地城市的定居意愿和生活满意度相对较低。

其次，非农业流动人口在流出城市拥有非农户口，即使在市场经济逐步建立、户籍制度有所松动的今天，农业流动人口和非农业流动人口在就业权利、社会保障和人均收入上仍然存在一定的差距，非农户口附带的福利待遇一般情况下要优于农业户口。

最后，由于城乡之间在社会发展上的差距，非农业流动人口在教育、信息、房产和社会关系方面的资源积累通常比农业流动人口更多。值得注意的是，对于流动人口来说社会关系网络带来的信息资源往往显得比较重要，如迁移目的地的亲属和同乡、语言的相似性、就业机会等。这些信息的获取可能在一定程度上降低流动人口的心理成本，甚至提供精神慰藉和物质帮助。

（三）留守家庭成员

除了土地和住房等不动产资源，流动人口迁移决策的另一个重要组成部分是人口资源，即家庭成员安排。早期乡—城流动人口的常见安排是"家庭分离"式流动。这一安排可以在流入地获得高收入，同时在流出地承受低成本消费，被认为是获得最大化经济收益的最佳路径[123]。这种充分考虑家庭经济成本的流动模式在新产业工人群体中长期普遍存在，由此引发了严重的社会问题。例如，亲属分离对留守儿童的身心健康产生了极大的负面影响，主要表现在学习能力偏弱、学校教育参与不足、自我认知和自尊心发展受阻等方面[124]。儿童时期的家庭照料对个人发展起着非常重要的作用，并最终影响到人口总体质量和国家创新能力[125]。2016年，国务院发布了《关于加强农村留守儿童关爱保护工作的意见》，旨在改善农村留守儿童的成长环境，保障其合法权益[126]。该条例提供了包括对未成年子女的监护抚养、义务教育、对农民工返乡创业等方面的政府支持。近年来，得益于经济的快速发展和政策环境的改善，新产业工人的工资水平显著提高，对子女的抚育问题也日益重视，诸多因素促成了逐渐普遍的家庭化迁移。

不同的迁移模式，如"单独迁移""夫妻共同迁移""配偶子女举家迁移"等代表完全不同的资源安排。但是这些选择都是流动人口基于自身的资源禀赋和流入地、流出地社会保障状况做出权衡后的理性选择。一般来讲，迁移到城市的家庭成员越多，对城市公共资源的需求就越大，特别是医疗资源和子女教育资源。一方面，家庭化迁移对流入地城市基础设施、公共服务和生态环境带来巨大的压力；另一方面，家庭化迁移也推动了流入地城市的发展进程，促使其加大城市建设和环境保护力度、增加基础设施供给、维持城市生态平衡。在此过程中，公共服务和社会福利的获得很可能促使流动人口将拥有的各种资源资本化，从而带动资源的"乡—城"流动和"城—城"流动。家庭化迁移程度越高，其在城乡体系中引发的资源流动频率和强度也相应越强烈。由此，流动人口家庭在流入地城市的完整程度在一定程度上体现了城乡资源流动的频率和强度。综上所述，流动人口的家庭化迁移和社会融合不仅关乎个人及家庭福祉，也是促进城乡一体化发展的关键所在。

基于以上分析，我们选取农地安排、家庭化迁移和社会融合三个指标作为资源流动的表征，分析人口流动在城乡互动系统中的作用机制。其中农地安排是针对武汉城市圈流出人口，家庭化迁移和社会融合是针对武汉城市圈流入人口。这些指标的选取主要是基于人口流动涉及资源的代表性和数据可得性，基本涵盖了人口流动的关键过程（见图3-2）。鉴于城市圈建设在我国城乡一体化发展推进中的重要地位，分析这些指标在城市圈内呈现出的空间特征能够更好地满足国家战略需求。例如，在促进一体化发展的政策环境下，城市圈的家庭化迁移水平是否有了明显的提高？从人口流动的角度看，武汉城市圈的城乡一体化发展如何评价？本章将尝试回答这些问题。

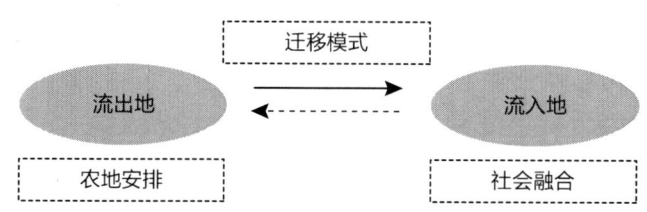

图3-2 人口流动系统与指标之间的关系

四、空间特征：武汉城市圈案例

（一）研究区域

武汉城市圈位于湖北省东部、长江中游，是中国中部地区重要的城市群，同时也是长江经济带的三大增长极之一，是中国经济增长最具活力的区域之一。该区域包括湖北省省会城市武汉和周边8个城市，其中5个是地级市（黄石市、咸宁市、黄冈市、孝感市和鄂州市），3个是县级市（仙桃市、天门市和潜江市）。到2020年年底，武汉城市圈的地区生产总值达到2.63万亿元，占湖北省生产总值的60%以上。凭借优越的交通枢纽条件和中央政府的大力支持，该地区加快了成为长江经济带重要增长极的步伐。中心城市武汉吸引了大量的外来人口，在近年流动人口规模排名中，武汉市呈明显上升趋势，表明武汉市对流动人口的吸引力和吸纳力正进一步增强。

城市圈具有高密度、强流动特征[71,127,128]。作为人口流动的主要目的地，城市圈已成为中国政府推进大中小城市和小城镇协调发展的主体。在这一国家战略指导下，从"城市圈地区"视角强调与流动人口相关问题具有重要意义。一方面呼应"城市圈对流动人口的吸引力不断加强""城市圈是未来流动人口的主要聚集地"大趋势；另一方面通过揭示流动人口在城市圈范围的空间特征，拓展对城市圈系统中城乡一体化发展的认识，同时也是对大量全国和城市层面研究成果的补充。

（二）研究设计

1. 数据来源

本章使用的数据主要有三组。第一组是 2012 年至 2017 年的全国流动人口动态监测数据，该调查由国家卫生健康委员会实施。调查对象为在调查前一个月之前来本地居住，非本区（县、市）户口的居民，具体年龄段每年的规定略有差别（基本在 15 周岁以上）。调查主要关注被调查者的个人及家庭信息、流动状况、就业特点、社会活动、健康状况、生活状况、子女教育、公共卫生服务情况等，为本章提供了代表性样本。样本选择采用分层、多阶段、与规模成比例的 PPS（概率与规模成比例）抽样方案，初级抽样单元为乡（镇、街道），因此确保了人口迁移相关指标空间分析的可靠性。第二组是 2013 年针对流动人口社会融合与心理健康的专题调查数据，用于评估武汉流动人口社会融合的变化。该调查以社会融合和心理健康为主要内容，涵盖了包括武汉在内的中国 8 个具有代表性的大城市或地区，武汉市共有 1999 个流动人口样本（与之相对比的 2017 年样本中，武汉市样本有 2000 个）。之所以选择 2017 年为对比样本，主要原因在于历年调查问卷中关于社会融合的问题设定。社会融合问题在 2014 年、2015 年、2016 年和 2018 年的调查问卷中仅有部分涉及。考虑到对比的指标完整性和丰富程度，最终选定 2013 年和 2017 年两个年份进行对比。第三组数据是湖北省内城市圈样本城市的统计年鉴数据[129]，目的是进行社会融合相关指标的测算，如样本城市的城镇居民可支配收入。

2. 指标及测量

（1）农地安排

农地安排是指流动人口对承包地的处置方式。2017年流动人口动态监测数据的问卷中关于该主题的问题有两个。第一个是"您户籍地老家是否有承包地（指自有土地承包权）？"第二个是"您家承包地谁在耕种？"问卷为这个问题提供了9个选项，分别是"自己/家人耕种""雇人代耕种""亲朋耕种""转租给私人""转租给村集体""转租给企业""撂荒""种树""其他"。转租（包括转租给私人、村集体和企业）安排是现有土地制度框架下土地资源利用效率最高的选择。另外，既能使承包地不至撂荒，又能置身农业生产之外的常见选择是"亲朋耕种"，这种方式有利于农业流动人口更加全身心投入到城市相对高薪的工作中，以实现收入的最大化。"雇人代耕种"在现阶段并不多见，但这也是实现上述双赢局面的有效途径。

由此，以上所有的安排都可以归纳为两类：由他人耕种、未由他人耕种。本章将"转租给私人""转租给村集体""转租给企业""亲朋耕种""雇人代耕种"安排所占的比例作为衡量农地资源流转效率的指标。由于整个样本包含了无承包地的农业流动人口和非农业流动人口，为了保证计算结果的可信度，本章以样本中在该地点"拥有承包地的流动人口数"作为计算公式中的分母，以确保"由他人耕种"的比例能相对客观地反映农地资源流转的活跃程度。

(2)家庭化迁移

虽然学者们对家庭化迁移中"家庭"的内涵界定和测算方式存在一些差异,但越来越多的研究重视了对"家庭化迁移"视角的考虑,这为本章提供了良好的基础和借鉴。总的来说,流动人口经历了"单身或已婚男性"迁移阶段、"夫妻共同"迁移阶段和"举家"迁移阶段,这个过程中有越来越多的家庭成员参与到流动中来。由于中国家庭规模的缩小和家庭结构的核心化,多数学者认可将家庭化迁移中"家庭"的范围界定为"核心家庭成员",这也符合当下社会客观现实。具体来讲,对于已婚的流动人口来说,核心家庭成员包括"配偶和未婚子女";对于未婚的流动人口来说,核心家庭成员包括"父母和未婚兄弟姐妹"。家庭化迁移的程度由上述核心家庭成员的完整程度来衡量。本章根据受访者的婚姻状况和核心家庭成员的位置信息,将其分为家庭化迁移和非家庭化迁移两类。也就是说,只有当所有核心家庭成员都完成了迁移,这种模式才被算作家庭化迁移,这一筛选标准比较严格。

(3)社会融合

目前对流动人口的社会融合研究已经形成了一个成熟的框架,主要包括经济、社会关系、心理和文化四个维度。已有研究在社会融合的测算中,根据其理论基础和各自的研究目标对选择每个维度赋予相应的权重。本章基于已有文献对社会融合的长期探索,综合考虑研究特征和公共服务维度在此研究中的重要意义[113],将公共服务纳入研究框架,选择经济融合、公共服务融合、社会参与、心理适应四个维度作为社会融合测算的一级指标。其中,社会参与维度是人力资本的延伸，代表流动人口调动潜在资源的能力；心理适应维度是一种主观感受，可以作为对研究未涉及的需求满足情况的反馈。

社会融合四个维度的权重应当体现出其在整个社会融合内涵中的重要性，鉴于社会融合的层次性，本章采用德尔菲法对四个维度进行赋值。为了便于后续计算和方便理解，最终根据平均得分取近似值得到四个维度的权重：20%（经济融合）、30%（公共服务融合）、20%（社会参与）和30%（心理适应）。指标体系的二级指标选取主要参考已有研究并根据问卷内容做出调整（见表3-1）。为了

表 3-1 流动人口社会融合指标体系

一级指标	二级指标
经济融合	人均月收入
	人均月支出
	租金/收入比
公共服务融合	社会医疗保险
	社会保障卡
	暂住证/居住证
	居民健康档案
社会参与	通过各种方式向政府有关部门反映情况/提出政策建议
	给所在单位/社区/村提建议或监督单位/社区/村务管理
	社交圈
心理适应	融入本地的意愿
	定居意愿
	长期居留意愿
	大概停留时长

方便两级指标的测算，本章对同组的二级指标赋予均等的权重，即某一指标的权重为1/n（n为此维度的二级指标个数），并采用离差标准化对指标的原始数据进行处理［对于正向指标采用式（3-1）；对于负向指标采用式（3-2）］。

$$y_i = \frac{x_i - \min\limits_{1 \leq j \leq n}\{x_j\}}{\max\limits_{1 \leq j \leq n}\{x_j\} - \min\limits_{1 \leq j \leq n}\{x_j\}} \tag{3-1}$$

$$y_i = \frac{\max\limits_{1 \leq j \leq n}\{x_j\} - x_i}{\max\limits_{1 \leq j \leq n}\{x_j\} - \min\limits_{1 \leq j \leq n}\{x_j\}} \tag{3-2}$$

此外，流动人口的"人均月收入"测算采用统计年鉴中样本城市的城镇居民人均可支配收入为基准，经济融合的其他二级指标测算也同样。由于数据的局限性，我们根据2013年流动人口社会融合专项调查数据，仅对武汉市2013年和2017年的社会融合情况进行了对比分析。

（三）实证结果

我们以武汉城市圈为例，基于2012—2017年中国流动人口动态监测数据，研究流动人口的农地安排、家庭化迁移和社会融合特征，揭示城乡资源流动的时空特征。

1. 农地安排

如上所述，基于人口流动视角，流动人口拥有的承包地中"由他人耕种"的比例在一定程度上可反映农地的流转效率。当然，该指标代表的是流动人口流出地的农地流转效率。本章从 2017 年全国流动人口动态监测数据样本中筛选出 4070 名流出地为武汉城市圈的受访者，其中只有 1435 人拥有承包地。

统计显示，以武汉城市圈为流出地的流动人口选择"由他人耕种"的比例为 43.6%，高于全国平均水平 39.2%。其中武汉市、鄂州市、黄冈市、黄石市、潜江市、天门市、仙桃市、咸宁市、孝感市的流出人口选择"由他人耕种"的比例分别为 39.8%、42.3%、35.7%、45.7%、53.3%、51.9%、50.0%、32.2%、48.7%，武汉城市圈内呈现出西部和东部比例高，中南部地区比例偏低的趋势。

2. 家庭化迁移

流动人口家庭化迁移在武汉城市圈比较普遍，平均家庭规模达到 3.21 人/户。据统计，武汉城市圈内超过 80% 的流动人口是三人或四人流动模式。家庭化迁移的程度越高，意味着人口资源的流动性越大，其他相关资源流动也越广泛和充分。如前所述，本章将流动人口家庭化迁移的衡量指标定义为核心家庭成员的完整程度。

得益于全国监测数据对流动人口家庭成员位置信息的准确统计，本章对流动人口核心家庭成员的流动情况进行了精准统计，进而判断流动人口的家庭化迁移情况。以 2012 年至 2017 年的流动人口动态监测数据为基础，本章分析了武汉城市圈流动人口家庭化迁移的时空变化特征。除城市圈西部周边城市家庭化迁移水平偏低外，其他城市家庭化迁移水平平均稳步提高。

图 3-3 展示了城市圈五个代表城市流动人口的家庭化迁移水平变化。2013 年以后，武汉市、黄石市、咸宁市、黄冈市、孝感市

五个样本城市的流动人口基本上有超半数实现完全家庭化迁移。中心城市武汉的流动人口家庭化迁移一直保持在较高水平，相比之下，咸宁市和孝感市的流动人口家庭化迁移水平偏低，但提升幅度较大，波动幅度也比较明显。2015年至2016年，五个样本城市的流动人口家庭迁移水平均出现明显下降，这与中心城市武汉的GDP增速变化轨迹大体一致。人口流动与经济因素密切相关，在一个比较稳定的公共政策环境下，流动人口家庭化迁移水平的波动在一定程度上可由该地区的经济增长来解释。

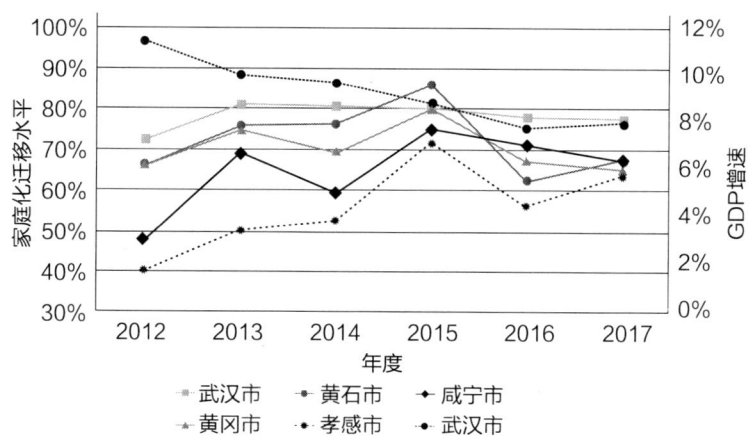

图 3-3　武汉城市圈五城市家庭化迁移水平总体趋势及武汉市生产总值增速变化

3. 社会融合

（1）武汉市流动人口社会融合2013年和2017年对比

2012年到2017年全国流动人口动态监测的调查问卷显示，涉及社会融合的相关问题在近几年越来越多地被提及，流动人口社会融合问题正在逐步得到重视。在考虑社会融合量化指标丰富性和一致性的前提下,武汉城市圈内的最佳对比样本是武汉市 2013 年和 2017 年的流动人口数据。2013 年样本容量为 1999,2017 年样本容量为 2000。统计结果表明,从 2013 年到 2017 年,武汉市流动人口社会融合总分显著提高(见图 3-4 和表 3-2)。其中,提升最为明显的两个维度分别是公共服务融合和社会参与,这是对近年来武汉市公共服务建设和社区治理成效的积极肯定。

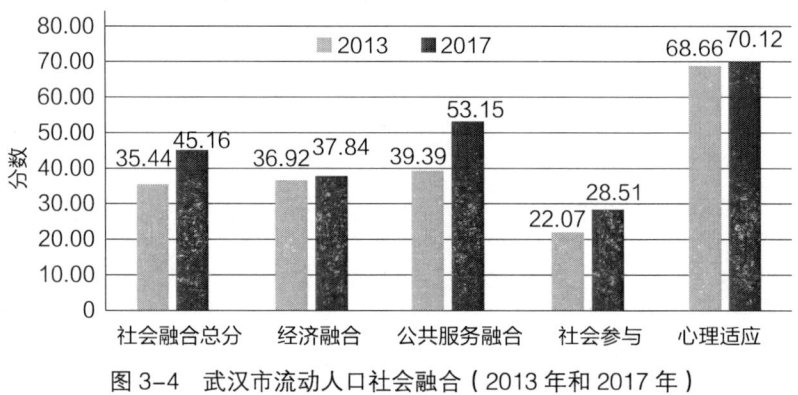

图 3-4 武汉市流动人口社会融合(2013 年和 2017 年)

表 3-2 t 检验

指标	组别	均值 ± 标准差	t	显著性
社会融合总分	2013	32.98 ± 15.11	−25.56	0.00
	2017	45.16 ± 14.92		
经济融合	2013	33.06 ± 4.55	−33.78	0.00
	2017	37.84 ± 4.38		
公共服务融合	2013	36.46 ± 23.86	−22.58	0.00
	2017	53.15 ± 22.88		
社会参与	2013	22.07 ± 15.64	−11.66	0.00
	2017	28.51 ± 19.11		

续表

指标	组别	均值 ± 标准差	t	显著性
心理适应	2013	68.66 ± 29.14	-1.78	0.08
	2017	70.12 ± 21.99		

（2）2017年武汉市和城市圈非中心城市对比

2017年，武汉市流动人口社会融合整体水平高于城市圈非中心城市的流动人口（见图3-5）。在社会融合的四个维度上，除了经济融合维度武汉市和非中心城市的平均值比较接近以外，在统计学意义上其他指标武汉市的平均水平明显高于城市圈城市（见图3-6和表3-3）。也就是说，武汉市流动人口在公共服务融合、社会参与和心理适应和社会融合综合水平上全面优于非中心城市流动人口。2017年武汉市的样本容量为2000，非中心城市的样本容量为600。

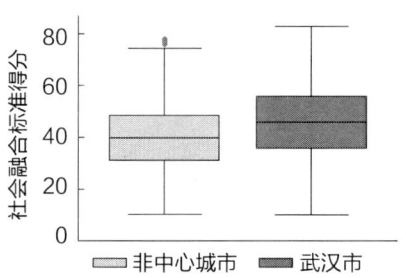

注：上边缘为极大值，下边缘为极小值，离群点为异常值，中间箱体的上下边缘分别为75%和25%分位数，箱体中横线为中位数。

图3-5　2017年武汉市与城市圈非中心城市社会融合箱体图

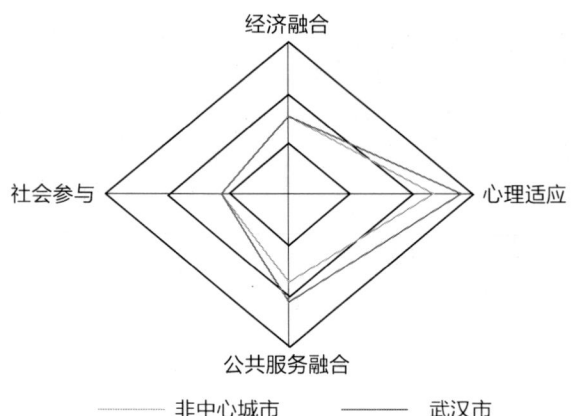

图 3-6　2017 年武汉市与城市圈非中心城市社会融合雷达图

表 3-3　t 检验

指标	分组	均值 ± 标准差	t	显著性
社会融合总分	非中心城市	39.21 ± 14.79	-8.58	0.00
	武汉市	45.16 ± 14.92		
经济融合	非中心城市	38.31 ± 4.99	2.10	0.04
	武汉市	37.84 ± 4.38		
公共服务融合	非中心城市	43.33 ± 23.12	-9.20	0.00
	武汉市	53.15 ± 22.88		
社会参与	非中心城市	27.75 ± 19.73	-0.83	0.41
	武汉市	28.51 ± 19.11		
心理适应	非中心城市	58.39 ± 23.32	-11.29	0.00
	武汉市	70.12 ± 21.99		

2017 年武汉城市圈社会融合水平的空间分布总体上呈中间高、边缘低的分布特征。中心城市武汉在整个城市圈区域内得分最高，融合程度最好。但非中心城市的社会融合水平与同时期家庭化迁移

水平并不十分一致,二者分布不均衡。这意味着在这些非中心城市中,具有相同迁移模式的流动人口社会融合程度有所差异。

(四)结论启示

本章围绕流动人口所涉及的资源构建了以流动人口为中心的城乡资源流动体系。在此框架下,从资源配置的角度对农业流动人口和非农业流动人口进行分析。本章进一步将农地安排、家庭化迁移和社会融合三个指标引入流动人口的迁移过程中,捋顺城乡资源的互动关系,并在两方面对相关研究主题有所突破:构建了以流动人口为核心的城乡资源流动体系,更加突出人口因素在城乡一体化发展中的地位和作用;另外,强调城市圈范围内代表性指标的时空特征,为城市圈区域内的流动人口政策优化提供素材和实践依据。

城—城流动人口是重构中国城市体系的重要力量,城—城流动人口的有序流动与乡—城流动人口一样,对城乡一体化发展具有重要意义。房地产市场化发展进一步扩大了乡—城流动人口、城—城流动人口和流入地"土著"之间的财富鸿沟。这一不公平的起跑线源于一系列的制度因素,应引起足够多的关注并需要采取干预措施,以避免因制度不公平导致的收入差距持续扩大。乡—城流动人口与城—城流动人口在资源禀赋上存在差异,造成了城—城流动人口在资源积累和资源配置中的相对优势。对于城—城流动人口来说,从一个城市迁移到另一个城市更像是"用脚投票",而不依赖于土地资源。城—城流动人口与乡—城流动人口相比,有相对更好的资源积累,可以更多地考虑在流入地城市的长期就业和定居,乃至融入流入地。

采用2012年至2017年流动人口动态监测数据，我们对武汉城市圈流动人口的农地安排、家庭迁移水平和社会融合程度进行了实证分析。从人口流动视角探讨农地安排、家庭化迁移和社会融合指标，其内在逻辑是在确保流动人口基本社会保障的前提下，促进城乡资源的高效流动，这与城乡一体化发展的本质是相通的。与此同时，农地安排、家庭化迁移和社会融合三个指标覆盖了"人口流动"的全过程，可全面、深度揭示主要城乡资源的流动情况。流动人口在流入地城市的家庭化迁移和社会融合水平可以很好地体现资源流动的强度和广度，对武汉城市圈的实证分析也提供了理解城乡一体化发展的全新研究空间和研究视角。

在中国的农村地区，社会保障体系正逐步建立和完善，无论是"单向流动"还是"循环流动"，农业转移人口的迁移均能得到基本的社会保障。但是不可否认，农村的农地资源并没有实现高效流转，包括租种和雇人代种在内的农地安排所占比例在武汉城市圈乃至全国范围内，仍处于较低水平（虽然武汉城市圈的比例略高于全国平均水平）。但是，中心城市武汉的流出人口农地流转水平低于非中心城市流动人口的流转水平。以上情况表明土地利用效率和农村流动人口的收入提高仍有较大潜力。这就需要政策制定者加快建立一个相对成熟的农地租赁市场，以加快提高农地的流转效率。武汉城市圈中心城市武汉的家庭化迁移程度水平较高，社会融合水平在2013年到2017年间也有了较大改善，且这两个指标与非中心城市相比优势明显，这说明城市圈经济发达地区的资源流动也更强。

这是对我国一系列政策有效实施的积极肯定，如城乡一体化发展和促进农业转移人口市民化等国家战略；同时也证实了城市圈在促进城乡一体化方面的积极意义：城市圈中心城市在流动人口吸引力和促进该群体社会融合能力方面的优势明显，并且在吸纳流动人口和带动资源优化配置方面，城市圈已占据主导地位。

值得注意的是，武汉城市圈的流动人口农地流转水平与社会融合水平的分布在空间上呈现相反的趋势。如武汉市，其流入的人口社会融合程度比较高，但该区域流出的人口在农地流转上与非中心城市相比，呈现相对较低的水平。正常情况下，城市经济发达的地区应该有更多的资源和更强的经济实力来帮助农村培育并发展农地流转市场。但现实情况是，该区域城乡资源流动呈现出不同的步调，很可能是由于经济发达地区对劳动力的吸纳能力太强，而农业人口在城市社会的巨大影响下更加倾向于非农就业和更加现代的生活方式[130,131]。另外，城市经济发达的地区更加重视城市经济，把更多的发展目标和社会资源放在了非农领域，也导致了这一现象的发生。

第四章 家庭化迁移对社会融合的影响：来自武汉城市圈的证据

一、文献综述

中国流动人口的城市融入及其影响因素一直受到研究者们的关注。针对社会融合的影响因素研究，以往研究大多关注社会结构要素和流动人口主体要素[132]。例如，不少学者认为中国流动人口在社会融合过程中面临着强大的制度、地域、经济、文化和社会障碍[133,134]。虽然在近几年通过不断的改革已经基本实现社会保障全覆盖，但户籍制度仍然被认为是阻碍流动人口融入城市的一个重要制度因素[135,136]。悦中山等指出政府和市场对农民工的文化融合没有影响，政府、市场和社会对其经济融合和心理融合均有显著影响[137]。

除了制度因素，学者们对流动人口个体特征、社会网络、人力资本等因素对社会融合的影响分析也比较深入和全面[138-140]。如马肖曼采用主成分分析和因子分析方法，对新生代"夫妻家庭"的社会融入影响因素分析发现，其融入性受包括职业、职工保险、月净收入指标在内的收入稳定性因子影响最大，山东省为融入性最好的省份[141]。陈（Chen）和王（Wang）通过对上海新生代农民工城市融入的影响因素分析指出，劳动市场产出、与本地居民的互动对其城市融入有显著影响，社会结构和制度方面的约束阻碍了其机会和资源的获取[142]。卡恩斯（Kearns）和惠特利（Whitley）通过对居住在英国格拉斯哥贫困区的移民研究发现，学历、英语水平、职业与不同维度的社会融合指标高度正相关[143]。何军通过对江苏省农民工的调查数据分析指出，新生代农民工与第一代农民工的城市融入程度存在显著差异，在城市融入程度的不同分布水平上，受教育水平对第一代农民工城市融入影响的差异更大，社会资本对新生代农民工的城市融入的作用更大[144]。任远和乔楠通过模型分析证实流动人口的社会融合受到个人和家庭状况、社区参与和社会资本、城市的制度安排三方面因素的影响[145]。李树茁等认为社会支持网络是农民工情感融合现状的重要因素，农民工要完全融入城市社会还有待于建立更多的弱关系[146]。

另有学者对除社会结构要素和流动人口主体要素之外的其他因素进行了探讨。如李含伟等、科拉马兹（Koramaz）认为住房因素会对流动人口的社会融入产生影响[147,148]。李振刚实证检验了文化资本对新生代农民工社会融合不同维度的影响[149]。田明采用多水平回归模型分析城市差异对流动人口城市融入的影响机制，认为城市区位、经济发展水平、以房租为代表的物价水平、以方言为主的地域文化、流动人口占比和社会保障的落实程度等地方因素对流动人口城市融入产生显著影响，但城市人口规模影响不显著[150]。杨菊华、汪明峰等同样关注到城市和社区差异对流动人口城市融入的影响[151, 152]。王（Wang）等通过分析发现政府对老社区的大规模重建可能会对流动人口的社会融合产生阻碍作用[153]。宋月萍和陶椰、崔岩指出，城市居民对流动人口的接纳意愿影响甚至决定流动人口的融入意愿和行为[154, 155]。

对于本章重点关注的"流动人口家庭化迁移对社会融合的影响"主题，学者们同样进行了有益的探索，但总的来说针对此主题的研究仍有待加强。这些研究主要分为三类：一是在理论上探讨流动人口家庭化迁移与社会融合的关系[156]，以及家庭化流动新特征可能对其社会融合带来的影响[157]；二是通过对调研数据的描述统计分析总结家庭化流动人口的社会融合状况，并进行不同组别的对比分析[158]；三是将家庭结构特征作为自变量，通过实证检验分析其对流动人口社会融合相关问题的影响[153]。

周福林认为家庭化迁移作为一种高级迁移形式，其本身就是社会融合的一个重要方面，且家庭化程度与社会融合程度成正比，流动人口的居住、就业、社会保障与流入地人口趋同，是流动人口社会融合的目标。石智雷从四个方面阐述家庭化迁移对乡—城劳动力城市融入的积极影响：促进劳动力向非农就业的完全转变、增加农村劳动力在城市就业的稳定性、提高劳动力城市适应主动性、增强劳动力城市适应能力，并认为鼓励家庭化迁移是推动城市融入的有效措施[157]。田艳平利用全国流动人口动态监测数据对家庭化与非家庭化农民工的城市融入状况及影响因素进行研究，结果显示家庭化农民工城市整体融入度略高于非家庭化农民工；年龄、流出地经济水平、农民工自身经济状况、教育水平、社会网络、住房性质等因素对家庭化和非家庭化农民工社会融合的影响存在一定的差异[158]。王荣明采用主成分分析法及多元线性回归模型研究表明，农民工家庭化流动可促进其参加当地活动，增强心理融入程度和经济融入能力，但会降低其城市居留意愿[159]。王（Wang）等将家庭特征，如子女数量和家庭规模，纳入对流动人口社会交际的影响研究中[153]。

部分学者将"流动人口家庭"或"农民工家庭"为研究主体，讨论其城市融入问题[160-164]，这些研究通常基于流动人口（或农民工群体）社会融合的概念外延展开，为理解家庭化流动特征提供更多可能，但研究思路和设计与个体视角的流动人口社会融合研究并没有实质的差别。此外，关于随迁子女、流动儿童社会融入问题的研究成果同样可为考察家庭化迁移与社会融合关系的一个补充[165-167]。

综上所述，已有研究在讨论流动人口社会融合影响因素时，多是基于个人—家庭社会融合能力视角的分析，重点关注流动人口群体的人口—社会—经济特性，对流入地城市因素的考察和分析相对欠缺。另外，已有研究对中国流动人口家庭因素的关注更多聚焦在静态家庭结构本身，学者们对流动人口"向外"延伸（社会关系网络)的重视要多于流动人口"向内"挖掘(家庭结构),特别是体现家庭化迁移特征的指标,较少被纳入研究框架。已有指标如子女数量、家庭人口数等仅能说明流动人口家庭的原本结构,并不能反映流动人口在流入地的家庭结构(即在流入地的家庭完整程度)和家庭关系,也就是主要家庭成员的位置信息。除了家庭特征对流动人口社会融合的影响,现有文献对家庭化迁移的影响几乎没有给出结论性的结果。流动人口的家庭化迁移在生活各个领域呈现着完全不同的特征,涉及社会经济资本、公共服务需求、人际环境和交往需求等。已有西方研究也证实了家庭团聚延迟对移民社会融合的消极影响,也就是说家庭化迁移在促进社会融合方面有一定的积极作用。例如,经济合作与发展组织根据欧洲、美国和加拿大的微观层面数据得出结论,跨国移民的社会融合受到了家庭成员团聚延迟的影响[168]。因此,区域差异因素和流动人口家庭化迁移因素应在社会融合研究中予以重视。我们尝试在武汉城市圈视域范围内考虑流入地城市的级别因素,以期通过构建更为完善的影响因素宏观模型,揭示中国流动人口家庭化迁移影响社会融合的微观机制。

二、研究设计

(一)数据来源

我们选取武汉城市圈为实证研究范围,以 2017 年流动人口动态监测数据为基础,采用多元回归模型揭示家庭化迁移对流动人口社会融合的影响,以期为提升流动人口在流入地城市的社会融合水平提供启示，形成更有针对性的促进流动人口社会融合政策。由于使用的数据与上一章基本相同，此处仅作简单介绍。数据主要有两组，第一组为国家卫生健康委员会提供的 2017 年流动人口动态监测数据，第二组为湖北省样本城市 2017 年统计年鉴，主要为流动人口社会融合程度的测算提供基准数据。

2017 年流动人口动态监测数据采用三阶段分层 PPS 抽样，调查对象为 15 岁及以上，无本地户籍且在本市居住 1 个月以上的人群。与前几年数据相比，2017 年的调查问卷中对社会融合问题的关注更为全面。最终得到武汉城市圈的总样本量为 2600，其中武汉市 2000，非中心城市 600。另外，因为 2017 年的调查没有将潜江纳入调查区域，武汉城市圈的数据不包括潜江市。这组数据一方面用于家庭化迁移与社会融合的统计分析，同时用于家庭化迁移对社会融合影响的回归分析。

（二）模型设定

我们采用 OLS 回归和 PSM 方法，分析流动人口家庭化迁移对社会融合的影响机制。在回归模型中，为了探究家庭化迁移对社会融合四个维度影响的差异，被解释变量设定为社会融合及其四个维度。模型设定如下式（4-1）。

$$Y_i = \alpha + \beta_{1i}X_{1i} + \beta_{2i}X_{2i} + \beta_{3i}X_{3i} + \beta_{4i}X_{4i} + \cdots + \varepsilon_i \qquad (4-1)$$

Y_i（$i = 1, 2, \ldots, 5$）是第 i 个模型的被解释变量。Y_1 为社会融合综合得分，$Y_2 \sim Y_5$ 分别为经济融合、公共服务融合、社会参与、心理适应四个维度各自的得分。β_{ji} 为第 j 个变量的估计回归系数，

X_{ji} 为解释变量，$α$ 为常数项，$ε_i$ 为随机扰动。

（三）变量描述

1. 社会融合（因变量）

本章采用的社会融合变量同样基于已有研究，将其分为经济融合、公共服务融合、社会参与和心理适应四个维度。其指标体系构建和量化方法与上一章相同，运用德尔菲法确定一级指标的权重，并基于调查问卷设计进行二级指标的取舍。数据处理细节此处不再赘述。

2. 影响因素（自变量）

（1）家庭化迁移类型（核心变量）

统计显示，2017年武汉城市圈流动人口平均每户3.21人，高于全国平均值3.14。三人户和四人户迁移在武汉城市圈流动人口中的比例超过五分之四（见图4-1）。在问卷调查中，"家庭规模"指的是广义上在流入地共同居住的家庭成员数量。这里的家庭成员包括了被调查者的侄子侄女、妯娌连襟、叔伯姑姨或祖父母等亲属。

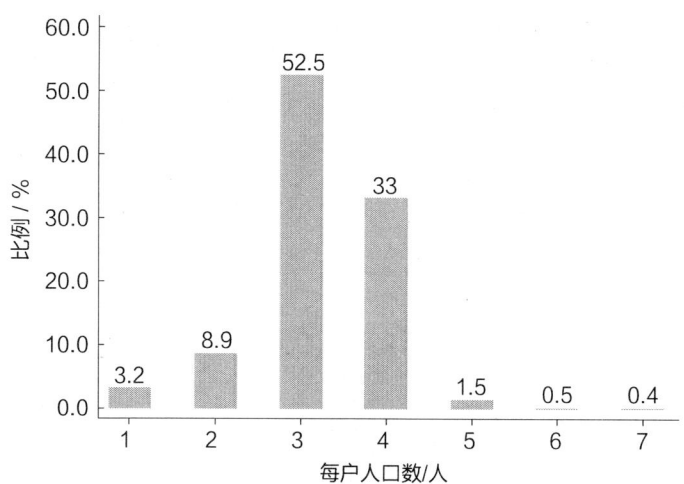

图 4-1 2017 年武汉城市圈流动人口家庭规模分布

为了准确描述家庭化迁移，我们对这一概念进行梳理并采纳"核心家庭"说，将流入家庭的核心成员限定在"配偶和未婚子女"范围，即未婚者的"父母和未婚兄弟姐妹"，已婚者的"配偶和未婚子女"，这些家庭成员构成一个核心家庭。本章基于以往的研究经验[169,170]，将家庭化迁移按照核心家庭成员在流入地的完整程度分为三类。第一类完全家庭化迁移，即所有核心家庭成员都完成迁移；第二类半家庭化迁移，即两个或两个以上的核心家庭成员完成迁移，但存在核心家庭成员缺失；第三类非家庭化迁移，即仅有一个家庭成员迁移。

根据 2017 年流动人口动态监测数据，武汉城市圈中心城市的完全家庭化迁移比例已超过 75%。特别的是，虽然中心城市武汉的完全家庭化迁移比例高于非中心城市，但是半家庭化迁移比例低于非中心城市（见图 4-2）。样本数量和卡方检验结果见表 4-1，卡方值为73.6754，p值接近于0，差异显著。此外，统计数据显示在2600个总样本中共有1911名流动人口实现了完全家庭化迁移，占比最高（73.5%），其中1541名来自中心城市，370名来自非中心城市。

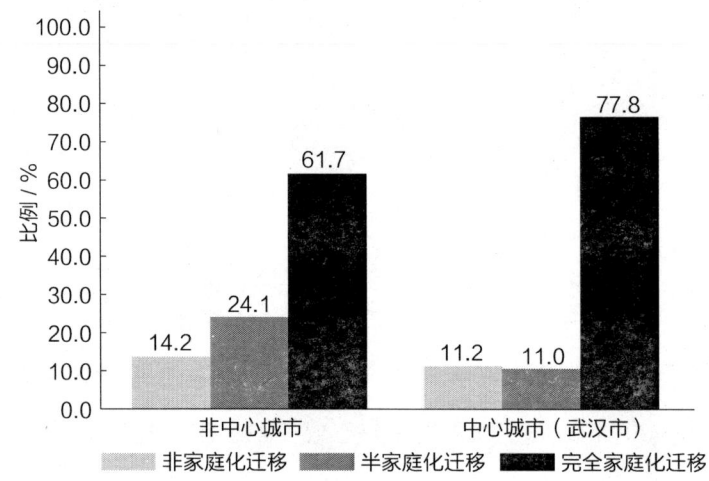

图4-2 2017年武汉城市圈中心城市和非中心城市家庭化迁移类型比例分布

表4-1 样本量和卡方检验

城市属性	非家庭化迁移	半家庭化迁移	完全家庭化迁移	总数
非中心城市	85	145	370	600
中心城市（武汉市）	239	220	1541	2000
总数	324	365	1911	2600

注：chi2（2）=73.6754，p_value = 0.0000。

家庭化迁移指标在反映迁移家庭规模的基础上，凸显核心家庭成员在目的地城市的完整程度。而流动人口从"非家庭化迁移"发展到"半家庭化迁移"甚至"完全家庭化迁移"，不仅意味着人口流动模式的改变，还会促使流动人口的消费结构、就业偏好、居住选择、定居意愿、社会参与等一系列行为决策发生变化，这些改变很可能对流动人口的社会融合产生重大影响。

（2）其他解释变量

除家庭化迁移类型外，本章还选取了一系列可能对不同社会融合水平产生作用的解释变量。主要有五组变量：第一组个体特征，包括性别、年龄、婚姻状况、教育水平、政治身份、家庭规模和健康状况；第二组制度特征，即户籍属性；第三组迁移特征，包括迁移时间、迁移范围和目的地城市（体现研究区域内中心城市与非中心城市的差异）；第四组就业特征，包括就业状况、工作时长；第五组住房特征。通过移除平均值对年龄数据进行中心化处理。此外，为了提高模型的可靠性，流动人口就业所属的产业特征作为控制变量被纳入回归分析。

武汉城市圈流动人口样本的描述性统计分析见表4-2。样本中48%为男性，流动人口以劳动力为主，平均年龄在35岁。样本中绝大多数流动人口的婚姻状况为已婚（约91%），这种情况与他们的平均年龄相符合。样本中流动人口的教育水平中等偏低，约73%的人为初中和高中或中专毕业水平。在2600个样本中共产党员和共青团员只有249人。受访者的平均家庭规模为3.2，非常接近全国平均水平。此外，该群体的健康自我评估结果比较好，约78%的人认为自己"健康"，约20%的人认为自己"基本健康"。武汉城市圈流入人口中拥有城市户口的只占少数（约19%）。在家庭化迁移方面，实现完全家庭化迁移的流动人口比例较高（约74%）。

相比之下，半家庭化迁移和非家庭化迁移的流动人口比例几乎相等，两者都远低于完全家庭化迁移的比例。另有，样本中有约77%的受访者来自武汉市，约23%来自武汉市周边的非中心城市。样本中流动人口的就业状况为"雇员"的比例仅为约31%，与大众印象中"农民工"的普遍认知有很大的不同。分析问卷的问题设计可知这个比例与选项的设置有关。问卷为问题"你现在的就业身份属于哪一种？"提供5种选择：①有固定雇主的雇员；②无固定雇主的雇员（零工、散工等）；③雇主；④自营劳动者；⑤其他。由于前两组是明确且具体的雇员，我们将其划分为"雇员"组。第三和第四组被归类为"其他"组，因为从某种意义上来说，个体经营者是另一种形式的雇主。需要注意的是，第四组"个体经营者"在"其他"组占绝大多数，"个体经营者"的样本量为1093人，"雇主"的样本量仅为187人。综上所述，我们用"雇员"来表示第一组和第二组，用"其他"来代表最后三组，即雇主、个体经营者和其他。此外，超过一半的受访者（约54%）住在出租的房子里，有约33%的人住在自购的房子里。

表4-2 解释变量定义与数据统计

	解释变量	定义	总样本量	样本量	平均值	最小值	最大值
个体特征	性别	男性=1；女性=0	2600	1264	0.5	0.0	1.0
	年龄		2600	2600	35.2	15.0	75.0
	年龄平方	年龄×年龄/100	2600	2600	1336.7	225.0	5625.0
	婚姻状况	已婚=1；未婚=0	2600	2374	0.9	0.0	1.0

续表

解释变量		定义	总样本量	样本量	平均值	最小值	最大值
个体特征	教育水平	未上过学 =1	2600	26	3.6	1.0	7.0
		小学 =2		211			
		初中 =3		1176			
		高中 / 中专 =4		713			
		大学专科 =5		315			
		大学本科 =6		142			
		研究生 =7		17			
	政治身份	中共党员 / 共青团员 =1；均不是 =0	2600	249	0.1	0.0	1.0
	家庭规模		2600	2600	3.2	1.0	7.0
	健康状况	生活不能自理 =1	2600	3	3.8	1.0	4.0
		不健康，但生活能自理 =2		56			
		基本健康 =3		516			
		健康 =4		2025			
制度特征	户籍属性	农业户口 =0；其他 =1	2600	495	0.2	0.0	1.0
家庭特征	家庭化迁移	非家庭化迁移 =1	2600	324	2.6	1.0	3.0
		半家庭化迁移 =2		365			
		完全家庭化迁移 =3		1911			
迁移特征	迁移时间（月）		2600	2600	77.8	2.0	444.0

续表

解释变量		定义	总样本量	样本量	平均值	最小值	最大值
迁移特征	迁移范围	市内跨县=1	2600	532	2.1	1.0	3.0
		省内跨市=2		1372			
		跨省流动=3		696			
	目的地城市	武汉市=1；非中心城市=0	2600	2000	0.8	0.0	1.0
就业特征	就业状况	雇员=1；其他=0	2600	809	0.3	0.0	1.0
	工作时长（小时/每周）		2600	2600	49.4	0.0	99.0
住房特征	出租住房	出租=1；其他=0	2600	1408	0.5	0.0	1.0
	自购住房	自购住房=1；其他=0	2600	864	0.3	0.0	1.0
	其他住房	非出租&非自购=1；其他=0	2600	328	0.1	0.0	1.0

注：如果变量仅有0和1两个取值，"样本量"为取值为1时的样本量。

三、实证结果

（一）相关分析

我们使用Pearson相关系数检验变量之间的相关性（见附录）。结果显示，教育水平、健康状况、户籍属性、家庭化迁移、迁移时间、迁移范围、目的地城市、就业状况、自购住房等变量与社会融合呈显著正相关。工作时长、出租住房等变量与社会融合呈显著负相关。

(二)回归分析

本章构建 5 个回归模型,分别将社会融合综合得分、经济融合得分、公共服务融合得分、社会参与得分和心理适应得分作为因变量进行实证分析。首先对初始模型进行多重共线性检验和异方差检验。

1. 多重共线性检验

当解释变量在回归模型中出现多重共线性就会降低估计系数的精度。在本章中采用 VIF(方差膨胀因子)来评估多重共线性。VIF 表示回归系数估计量的方差与假设自变量间不线性相关时方差之比,可以用来检测回归分析中的多重共线性严重程度。第 i 个解释变量的 VIF 为

$$\text{VIF}_i = \frac{1}{1 - R_i^2} \quad (4-2)$$

此处 R_i^2 是第 i 个解释变量对其余变量进行回归计算得到的 R^2 值。根据此计算方法可以得到模型变量的 VIF 值(见表 4-3)。结果显示,所有 VIF 值均小于 5,说明模型中解释变量之间不存在显著的多重共线性问题。

表 4-3 多重共线性检验

解释变量	VIF	1/VIF
性别	1.245	0.803
年龄	2.367	0.422
年龄平方	1.883	0.531
婚姻状况	1.439	0.695

续表

解释变量	VIF	1/VIF
教育水平	1.607	0.622
政治身份	1.206	0.829
家庭规模	1.302	0.768
健康状况	1.132	0.883
户籍属性	1.176	0.851
家庭化迁移	1.202	0.832
迁移时间	1.266	0.790
迁移范围	1.114	0.898
目的地城市	1.099	0.910
就业状况	1.680	0.595
工作时长	3.649	0.274
自购住房	1.259	0.795
其他住房	1.244	0.804
平均 VIF	1.749	.

2. 异方差检验

在线性回归分析中，如果模型的随机扰动项在不同的观测值中的方差不全相等，那么使用 OLS（普通最小二乘法）估计的系数是不可靠的。在本章中使用 Breusch-Pagan 检验和 White 检验来检测残差是否异方差。

对于 White 检验，需要将现有回归模型的残差平方作为被解释变量，将原解释变量的平方值和交互项作为新的解释变量，拟合一个新的辅助回归模型。

$$e_i^2 = \alpha_{0i} + \alpha_{1i}X_{1i} + \alpha_{2i}X_{2i} + \alpha_{3i}X_{1i}^2 + \alpha_{4i}X_{2i}^2 + \alpha_{5i}X_{1i}X_{2i} + \cdots + \varepsilon_i \quad (4-3)$$

然后计算 R^2，$nR^2 \sim X^2$，即卡方检验。如果 p 值小于 0.05，就应该拒绝零假设，并得出结论——回归中存在异方差[171]。Breusch-Pagan 异方差检验与 White 异方差检验相似，但在残差平方回归模型中不包括原解释变量的平方值和交互项[172]。

根据 Breusch-Pagan 检验和 White 检验结果（见表 4-4），p 值均小于 0.05，在 0.05 水平下拒绝了零假设，说明模型存在异方差问题。因此，本章使用 Stata 中的 robust 选项来估计标准差，并采用 Huber-White sandwich estimators 来处理模型中因异方差引起的问题。

表 4-4　异方差检验

模型	Test	Breusch-Pagan Test	White's Test
模型 1（社会融合）	chibar2	65.4200	535.5300
	Prob.	0.0019	0.0002
模型 2（经济融合维度）	chibar2	91.4100	776.2700
	Prob.	0.0000	0.0000
模型 3（公共服务融合维度）	chibar2	62.2400	497.4600
	Prob.	0.0043	0.0095
模型 4（社会参与维度）	chibar2	62.1500	542.9700
	Prob.	0.0044	0.0001
模型 5（心理适应维度）	chibar2	84.8700	505.1800
	Prob.	0.0000	0.0049

3. 回归结果

运用调整后的多元回归模型和 2017 年流动人口动态监测数据

检验流动人口家庭化迁移对社会融合的影响机制。实证结果见表 4-5。

表 4-5 多元回归结果

变量		模型 1 社会融合	模型 2 经济融合维度	模型 3 公共服务融合维度	模型 4 社会参与维度	模型 5 心理适应维度
个体特征	性别	-1.0289 *	0.0382	-2.2044 **	1.4305 *	-1.2129
		(-1.690)	(0.214)	(-2.318)	(1.784)	(-1.307)
	年龄	0.1619 ***	0.0064	0.2929 ***	-0.0752	0.0049
		(3.842)	(0.426)	(4.431)	(-1.288)	(0.073)
	年龄平方	-0.0083 ***	-0.0014	-0.0139 ***	0.0017	-0.0051
		(-2.890)	(-1.313)	(-3.180)	(0.432)	(-1.195)
	婚姻状况	-0.8258	-1.1742 **	-0.8943	-0.2719	4.8780 ***
		(-0.731)	(-2.393)	(-0.515)	(-0.163)	(2.650)
	教育水平	2.2902 ***	0.5300 ***	2.5194 ***	3.3632 ***	2.5187 ***
		(7.030)	(4.804)	(4.834)	(7.738)	(5.154)
	政治身份	-0.9308	0.3979	-2.3275	1.9306	-1.1244
		(-0.921)	(1.130)	(-1.459)	(1.379)	(-0.739)
	家庭规模	0.2938	-1.1140 ***	0.6549	0.6180	0.3820
		(0.733)	(-7.918)	(1.037)	(1.148)	(0.609)
	健康状况	1.1951 **	0.4440 **	2.0940 **	-0.7508	0.4637
		(1.968)	(2.320)	(2.194)	(-0.973)	(0.501)
制度特征	户籍属性	2.0236 ***	-0.0916	3.4231 ***	-0.0596	3.5642 ***
		(2.620)	(-0.388)	(2.807)	(-0.060)	(3.233)

续表

变量		模型1 社会融合	模型2 经济融合维度	模型3 公共服务融合维度	模型4 社会参与维度	模型5 心理适应维度
家庭特征	家庭化迁移	1.3862 ***	-0.2696 *	2.2612 ***	0.4171	0.9698
		（3.355）	（-1.802）	（3.499）	（0.731）	（1.546）
迁移特征	迁移时间	0.0262 ***	0.0002	0.0376 ***	0.0177 ***	0.0328 ***
		（5.770）	（0.174）	（5.292）	（3.041）	（4.895）
	迁移范围	2.0747 ***	0.4263 ***	3.5015 ***	-0.5573	-2.9874 ***
		（4.967）	（3.150）	（5.273）	（-1.003）	（-4.705）
	目的地城市	5.0684 ***	-0.6533 ***	8.4185 ***	0.7400	11.6876 ***
		（7.264）	（-2.880）	（7.614）	（0.822）	（11.705）
就业特征	就业状况	2.0724 ***	-1.0480 ***	4.1689 ***	-1.0967	0.8905
		（2.706）	（-4.246）	（3.473）	（-1.084）	（0.810）
	工作时长	-0.0691 ***	-0.0054	-0.0876 ***	-0.0772 ***	-0.0670 **
		（-3.796）	（-0.911）	（-3.130）	（-3.088）	（-2.473）
住房特征	自购住房	4.1847 ***	1.5605 ***	4.9622 ***	4.4764 ***	9.3468 ***
		（6.257）	（8.092）	（4.697）	（5.260）	（9.947）
	其他住房	-2.0531 **	0.8933 ***	-3.3904 **	-0.9877	0.6309
		（-2.330）	（3.459）	（-2.439）	（-0.868）	（0.445）
产业特征		控制变量				
常数项		14.9455 ***	38.6176 ***	8.4259	10.8319 **	41.1099 ***
		（4.604）	（33.907）	（1.615）	（2.547）	（8.033）
观察值		2600	2600	2600	2600	2600
R-squared		0.164	0.129	0.140	0.103	0.183

注：括号内数值为稳健标准差。

***（$p<0.01$）、**（$p<0.05$）、*（$p<0.10$）分别代表估计值在1%、5%、10%水平下显著。

回归结果显示，总体上看流动人口家庭化迁移与他们的社会融合显著正相关，但是对社会融合四个维度的估计得到迥然不同的结果。家庭化迁移对公共服务融合维度产生显著正向影响，对经济融合维度产生显著负向影响，但是对社会参与和心理适应并没有显著影响。虽然这个结果与预期不一致，但它反映了社会融合影响因素问题的复杂性。家庭化迁移对流动人口经济融合的影响显著为负，原因很可能是流动的家庭成员越多，其生活成本会大幅提升，尤其是当随迁人员为学龄前儿童、学生、年迈父母和病残亲属等时。这将极大削弱流动人口经济融合的能力。对于家庭化迁移对公共服务融合的显著正向影响，很可能的一种解释是，流入地城市亲属数量的增加，直接带动并满足了其对公共服务的需求。又或者说，那些有权享受更好公共服务的流动人口更加倾向于与家庭成员在目的地城市团聚。这意味着流入地城市为流动人口提供公共服务便利至关重要。从显著性和系数大小可以看出，是否采用家庭化迁移策略是影响流动人口公共服务维度融合的核心因素之一。然而，家庭化迁移并不一定意味着永久居住意向（心理适应相关指标），它更像是一个经过对整个家庭成本收益计算而做出的阶段性决策。

在个体特征方面，如表4-5中的模型1所示，女性的社会融合水平高于男性。年龄对社会融合的影响呈现非线性特征，经过计算可知其拐点在45岁左右。在45岁之前，随着年龄的增加流动人口社会融合水平逐渐增加，并在45岁附近达到最高点，之后其社会融合水平逐渐下降。这很可能是由于中年人的收入水平较高，有更多的休闲时间和社交需求。教育水平越高的流动人口社会融合程度越高,可能是因为他们融入社会的能力相对低教育水平的流动人口更强。此外,健康状况越好的流动人口社会融合程度越好。同时,具有城市户籍的流动人口,即城—城流动人口的社会融合水平较高。主要原因可能是具有城市户籍的流动人口和目的地城市的人有着更为相似的生活习惯和文化。

就家庭特征而言,如上文所述,家庭化迁移的程度显著影响流动人口社会融合,实现完全家庭化迁移的人具有更高的社会融合水平。就迁移特征而言,流动人口到达目的地城市的时间越早,就越能融入其中,这是因为流动人口的社会融合往往需要经过一段时间来适应当地的各种规则和习惯。此外,跨省流动人口总体上能够更好地融入社会,尽管在心理适应模型中的参数为显著的负估计值。这一现象可能与他们的目的地城市有关:跨省流动人口的目的地多为武汉市。据统计,75%的跨省流动人口居住在武汉市,那里有更好的就业机会和社会福利,有利于他们获取公共资源,造就他们在公共服务融合维度的优势。这与"目的地城市"变量的回归结果一致:武汉市整体的社会融合水平高于其他非中心城市。这很可能是由于武汉市作为省会城市和城市圈中心城市,能够提供更多、更优质的公共服务,并且因为其丰富的文化资源和历史底蕴而具有独特的城市魅力。

此外,工作时间相对较短的流动人口可以更好地融入社会,因为他们有更多的精力和闲暇。这个结论与祝仲坤关于过度劳动对农民工社会参与的"挤出效应"研究结论相一致[173]。他认为过度劳动会显著降低农民工的社会参与水平,可能原因是过度劳动会造成农民工心理压力过大、主观社会地位下降。在住房特征上，住在自购住房的流动人口比居住在其他住房的流动人口社会融合程度更高，很可能是因为前者对流入地城市有更强的归属感。综上所述，模型1的回归结果与预期基本一致。

在模型2中，流动人口家庭规模对经济融合的显著负向影响可以从流动人口家庭结构中找到合理解释。样本中有约91%为已婚流动人口，且大多数已婚流动人口都有子女（平均家庭规模3.2），他们的人均可支配收入往往会受到影响，进而影响到其经济融合水平。此外，教育水平越高的流动人口，收入和消费水平也相对越高。与此同时，作为雇佣者的流动人口有相对更高的收入。

模型3的结果与模型1的结果非常相似。在目的地城市方面，中心城市武汉的流动人口公共服务融合水平显著高于其他非中心城市。很可能是因为武汉市经济实力较强，能够为没有本地户口的人群提供更为优质的基础设施和公共服务等"外围"福利。

在模型4中，男性流动人口更倾向于参与社会活动，且教育背景更好的流动人口表现出更多的社交需求。此外，长时间工作对流动人口参与社会活动的负面影响再次被验证。

模型5的结果表明，具有城市户籍的流动人口由于与目的地城市的人口有着更为相似的文化背景，心理适应水平较高。同时，从更近的县（或市）迁移过来的人与目的地城市的人有着更为相近的文化，如方言。从心理适应的模型看，武汉市的融合水平较高。这可能是因为武汉市作为一个大都市，能够更好地接纳外来文化。

(三) 稳健性检验

倾向评分匹配法（PSM）作为随机实验方法，常用于检验观察数据中影响效应的估计偏差[174]。倾向评分被定义为在给定预处理特征的前提下个体进入处理组的条件概率[175]。在本章中，PSM 作为缓解内生性问题的解决方案，通过稳健性检验来弥补 OLS 方法的不足。在 PSM 处理中，分别使用性别和年龄作为分组变量，使用匹配后的样本重新进行检验。选择性别和年龄这两个变量作为分组变量的部分原因是，样本数据的技术文件中提到对数据的加权处理的方法之一是使用性别和年龄进行分组。

性别是天然的二分类变量，因此可以直接使用。但是年龄是整数变量，不是二分类变量，因此需要重新构建。本章经过分析收入和家庭化迁移的关系，考虑到人的工作能力需要一定时间的积累，且与人的身体状况和家庭状况存在一定关联，此处将年龄变量分为"强工作能力样本"和"弱工作能力样本"，即 30～50 岁年龄组和 30 岁以下及 50 岁以上年龄组。具体来说，本章使用 Logit 模型来估计与社会融合相关的流动人口解释变量的回归系数。PSM 参数为无放回抽样、1∶1 配对和 5% 显著水平。匹配后的样本量分别为 1755（稳健型检验 1）和 1089（稳健型检验 2），见表 4-6 和表 4-7。PSM 报告显示，虽然回归结果与 OLS 略有不同，但核心变量影响效应的方向和显著性水平与原分析基本一致。也就是说，使用匹配的样本可以得到基本相同的结论，所以原回归结果是稳健的。

表 4-6　稳健型检验 1

变量		模型 1 社会融合	模型 2 经济融合维度	模型 3 公共服务融合维度	模型 4 社会参与维度	模型 5 心理适应维度
个体特征	性别	−1.385 * （−1.70）	0.021 （0.09）	−2.647 ** （−2.08）	0.995 （0.91）	−2.125 * （−1.72）
	年龄	0.136 *** （2.61）	0.006 （0.37）	0.229 *** （2.79）	−0.016 （−0.23）	−0.120 （−1.51）
	年龄平方	−0.007 ** （−2.16）	−0.002 ** （−2.10）	−0.012 ** （−2.23）	0.001 （0.31）	0.001 （0.11）
	婚姻状况	−0.157 （−0.12）	−0.596 （−1.48）	0.425 （0.21）	−1.463 （−0.76）	7.441 *** （3.47）
	教育水平	2.696 *** （6.95）	0.444 *** （3.62）	3.189 *** （5.06）	3.470 *** （6.74）	2.644 *** （4.51）
	政治身份	−1.495 （−1.30）	0.383 （1.10）	−2.914 （−1.58）	0.887 （0.57）	−0.426 （−0.25）
	家庭规模	0.190 （0.39）	−0.858*** （−5.70）	0.412 （0.53）	0.573 （0.89）	0.590 （0.77）
	健康状况	1.193 * （1.69）	0.430 * （1.89）	2.137 * （1.91）	−0.874 （−0.94）	−0.236 （−0.21）
制度特征	户籍属性	1.626 * （1.71）	−0.103 （−0.38）	2.751 * （1.82）	−0.021 （−0.02）	3.452 ** （2.56）
家庭特征	家庭化迁移	1.352 *** （2.83）	−0.048 （−0.33）	2.157 *** （2.84）	0.337 （0.51）	0.262 （0.36）

续表

变量		模型1 社会融合	模型2 经济融合维度	模型3 公共服务融合维度	模型4 社会参与维度	模型5 心理适应维度
迁移特征	迁移时间	0.036***	0.000	0.053***	0.022***	0.047***
		(6.16)	(0.03)	(5.67)	(3.00)	(5.73)
	迁移范围	1.817***	0.343**	3.071***	−0.473	−2.849***
		(3.61)	(2.26)	(3.80)	(−0.69)	(−3.65)
	目的地城市	4.545***	−0.704***	7.437***	1.120	11.672***
		(5.41)	(−2.63)	(5.54)	(1.03)	(9.91)
就业特征	就业状况	1.924**	−0.747***	3.778**	−0.968	−0.017
		(1.97)	(−2.66)	(2.45)	(−0.75)	(−0.01)
	工作时长	−0.085***	−0.008	−0.118***	−0.065**	−0.083**
		(−3.69)	(−1.07)	(−3.32)	(−1.97)	(−2.39)
住房特征	自购住房	3.910***	1.491***	4.605***	4.241***	9.879***
		(4.78)	(6.35)	(3.55)	(4.16)	(8.69)
	其他住房	−2.080**	1.231***	−3.431**	−1.336	−1.071
		(−1.98)	(4.15)	(−2.04)	(−0.95)	(−0.63)
产业特征		控制变量				
常数项		13.453***	37.476***	6.161	11.305**	39.760***
		(3.48)	(28.46)	(0.98)	(2.21)	(6.54)
观察值		1755	1755	1755	1755	1755
R-squared		0.187	0.123	0.156	0.111	0.211

注：括号内数值为稳健标准差。

***（$p<0.01$）、**（$p<0.05$）、*（$p<0.10$）分别代表估计值在1%、5%、10%水平下显著。

表 4-7 稳健型检验 2

变量		模型 1 社会融合	模型 2 经济融合维度	模型 3 公共服务融合维度	模型 4 社会参与维度	模型 5 心理适应维度
个体特征	性别	−1.289 (−1.33)	0.194 (0.61)	−2.905 * (−1.93)	2.073 (1.53)	−0.848 (−0.56)
	年龄	0.134 ** (2.03)	0.007 (0.26)	0.261 *** (2.60)	−0.123 (−1.30)	0.011 (0.10)
	年龄平方	−0.003 (−0.83)	−0.001 (−0.61)	−0.009 (−1.42)	0.011* (1.88)	−0.007 (−1.04)
	婚姻状况	−0.426 (−0.32)	−1.520** (−2.44)	−0.349 (−0.17)	0.439 (0.22)	4.189 ** (1.99)
	教育水平	2.936 *** (6.33)	0.344 ** (1.96)	3.676 *** (4.91)	3.308 *** (5.03)	2.083 *** (2.80)
	政治身份	−0.274 (−0.23)	0.823 * (1.94)	−1.529 (−0.85)	2.393 (1.38)	0.502 (0.29)
	家庭规模	0.250 (0.42)	−1.132 *** (−4.61)	0.401 (0.43)	1.180 (1.42)	0.466 (0.51)
	健康状况	0.452 (0.44)	0.835* (1.96)	0.464 (0.29)	0.033 (0.03)	1.808 (1.11)
制度特征	户籍属性	2.816 ** (2.47)	−0.110 (−0.27)	5.039 *** (2.81)	−0.925 (−0.59)	4.330 ** (2.56)
家庭特征	家庭化迁移	0.830 (1.34)	−0.458 * (−1.79)	1.620 * (1.66)	−0.250 (−0.28)	−0.641 (−0.67)

续表

变量		模型1 社会融合	模型2 经济融合维度	模型3 公共服务融合维度	模型4 社会参与维度	模型5 心理适应维度
迁移特征	迁移时间	0.020 ***	−0.001	0.030 ***	0.010	0.045 ***
		（2.90）	（−0.25）	（2.85）	（0.94）	（4.36）
	迁移范围	2.251 ***	0.563 **	3.589 ***	−0.076	−3.951 ***
		（3.48）	（2.32）	（3.44）	（−0.08）	（−3.83）
	目的地城市	5.432 ***	−0.442	8.763 ***	1.315	13.267 ***
		（5.04）	（−1.02）	（5.15）	（0.91）	（8.35）
就业特征	就业状况	2.414 *	−1.164 **	4.525 **	−0.342	1.606
		（1.94）	（−2.38）	（2.35）	（−0.19）	（0.88）
	工作时长	−0.059*	0.012	−0.087 *	−0.045	−0.105 **
		（−1.92）	（1.11）	（−1.88）	（−0.97）	（−2.32）
住房特征	自购住房	3.808 ***	1.526 ***	3.764 **	6.220 ***	9.905 ***
		（3.60）	（4.20）	（2.28）	（4.44）	（6.44）
	其他住房	−1.704	0.740	−3.132	0.138	0.520
		（−1.23）	（1.56）	（−1.43）	（0.07）	（0.24）
产业特征		控制变量				
常数项		14.457 ***	38.023 ***	10.538	2.648	42.301 ***
		（2.88）	（17.84）	（1.32）	（0.40）	（5.34）
观察值		1089	1089	1089	1089	1089
R-squared		0.192	0.125	0.162	0.124	0.217

注：括号内数值为稳健标准差。

***（$p<0.01$）、**（$p<0.05$）、*（$p<0.10$）分别代表估计值在1%、5%、10%水平下显著。

四、结论启示

本章运用 2013 年和 2017 年流动人口动态监测数据，对武汉城市圈流动人口的社会融合及其影响因素进行研究。在多元回归模型中特别关注了家庭化迁移对流动人口社会融合及其四个维度的影响，为了将家庭化迁移的因果效应从相关关系中分离出来，我们采用了 PSM 方法应对内生性问题，模型的回归结果通过了稳健性检验。

研究结果清晰揭示了武汉城市圈家庭化迁移对流动人口社会融合的积极作用。家庭化迁移对社会融合的正向作用显著，家庭化迁移水平越高，流动人口在流入地城市的社会融合程度越好。也就是说，促进流动人口家庭化迁移对于吸引和留住流动人口、促进该群体的社会融合具有重要意义。与非中心城市相比，武汉市更有利于促进流动人口社会融合整体水平的提高。此外，我们对一些其他因素也有关注。例如，女性和受过更好教育的流动人口更能融入流入地社会；45 岁之前，年龄越大的流动人口社会融合水平就越高。这些因素的回归结果与已有研究结论基本一致。

模型 2 至模型 4 回归结果显示，家庭化迁移在社会融合四个维度中的影响是有差异的。这为我们提供了一个重要的观察视角，揭示了家庭化迁移作用于流动人口社会融合的内在机制。流动人口在家庭成员分离式流动和全家迁移之间的选择，在一定程度上是对整个家庭收入、支出、社会福利和情感价值的权衡决策。家庭化迁移对流动人口在流入地城市公共服务的融合影响显著，但对其社会参与和心理适应的影响并不显著。这启发我们强调流动人口在流入地社会提供公共服务的重要性，而不是简单地推动流动人口参与社会活动或者扩大他们的社交圈。武汉市作为城市圈中心城市和湖北省省会城市，在家庭化迁移程度和社会融合程度上均具有显著优势，在支持外来人口公共服务共享和长期居住方面显示出巨大的潜力。这回应了中国政府以都市群为主体推进区域协调发展的政策，也表明我们应进一步鼓励和支持中心城市在城市圈发展中的主导地位。

参考文献

[1]扈新强,赵玉峰.流动人口家庭化特征、趋势及影响因素研究[J].西北人口,2017,38(6):18-25.

[2]朱宇,林李月,柯文前.国内人口迁移流动的演变趋势:国际经验及其对中国的启示[J].人口研究,2016,40(5):50-60.

[3]段成荣,吕利丹,邹湘江.当前我国流动人口面临的主要问题和对策——基于2010年第六次全国人口普查数据的分析[J],人口研究,2013,37(2):17-24.

[4]汪建华.流动人口家庭化的趋势、问题与应对[J].文化纵横,2017(5):62-71.

[5]李晓壮.中国流动人口社会融合实践模式及政策分析[J].国家行政学院学报,2017(4):110-115+148.

[6]周福林.中部地区人口流动家庭化和社会融合状况研究——以河南为例[J].洛阳师范学院学报,2015,34(10):6-11.

[7] 石智雷. 家庭化迁移有助于迁移劳动力城市融入[N]. 中国人口报, 2013-05-13(003).

[8] 朱明芬. 农民工家庭人口迁移模式及影响因素分析[J]. 中国农村经济, 2009(2): 67-76+93.

[9] 王荣明. 农民工流动家庭化对其城市融入的影响[J]. 调研世界, 2016(6): 37-40.

[10] 晏月平, 廖爱娣. 城市流动人口社会融合状况研究综述[J]. 成都大学学报(社会科学版), 2016(4): 15-20.

[11] FAN C C, SUN M, ZHENG S. Migration and split households: A comparison of sole, couple, and family migrants in Beijing, China[J]. Environ & Plan A, 2011, 43(9): 2164-2185.

[12] 林李月, 朱宇. 中国城市流动人口户籍迁移意愿的空间格局及影响因素——基于2012年全国流动人口动态监测调查数据[J]. 地理学报, 2016, 71(10): 1696-1709.

[13] 盛亦男. 中国流动人口家庭化迁居[J]. 人口研究, 2013, 37(4): 66-79.

[14] 盛亦男, 杨旭宇. 中国三大城市群流动人口集聚的空间格局与机制[J]. 人口与经济, 2021(6): 88-107.

[15] 辜胜阻, 易善策, 李华. 城市群的城镇化体系和工业化进程——武汉城市圈与东部三大城市群的比较研究[J]. 中国人口科学, 2007, (4): 16-25+95.

[16] 谭诗赞. 流动迁移家庭城市融入中的制度排斥与家庭策略[J]. 华南农业大学学报(社会科学版), 2017, 16(2): 110-119.

[17] 顾朝林, 蔡建明, 张伟, 等. 中国大中城市流动人口迁移规律研究 [J]. 地理学报, 1999 (3): 14-22.

[18] ZHU Y. The floating population's household strategies and the role of migration in China's regional development and integration [J]. Population Space & Place, 2003, 9 (6): 485-502.

[19] 徐姗, 邓羽, 王开泳. 中国流动人口的省际迁移模式、集疏格局与市民化路径 [J]. 地理科学, 2016, 36 (11): 1637-1642.

[20] 王桂新. 中国经济体制改革以来省际人口迁移区域模式及其变化 [J]. 人口与经济, 2000 (3): 8-16+22.

[21] 张翼. 扎根中国实践 构建中国特色社会主义社会学 [EB/OL]. (2021-09-09) [2021-10-10]. http://www.nopss.gov.cn/n1/2021/0909/c219544-32222060.html.

[22] 卢楠, 王毅杰. 户籍、房产与生活质量——基于城—城流动人口与本地城市居民的比较 [J]. 人口与经济, 2018 (3): 37-46.

[23] 郑杭生, 陆益龙. 开放、改革与包容性发展——大转型大流动时期的城市流动人口管理 [J]. 学海, 2011 (6): 76-80.

[24] 马小红, 段成荣, 郭静. 四类流动人口的比较研究 [J]. 中国人口科学, 2014 (5): 36-46.

[25] XU Z, SUN T. The siphon effects of transportation infrastructure on internal migration: evidence from China's HSR network [J]. Applied Economics Letters, 2020, 28 (13): 1066-1070.

[26] MU X, YEH A, ZHANG X, et al. Moving down the urban hierarchy: Turning point of China's internal migration caused by age structure and hukou system [J]. Urban Studies, 2021.

[27] 李强. 关于"农民工"家庭模式问题的研究 [J]. 浙江学刊, 1996 (1): 77-81.

[28] 张航空, 李双全. 流动人口家庭化状况分析 [J]. 南方人口, 2010, 25 (6): 40-45+53.

[29] 盛亦男. 流动人口家庭化迁居水平与迁居行为决策的影响因素研究 [J]. 人口学刊, 2014, 36 (3): 71-84.

[30] 王桂新, 潘泽瀚. 我国流动人口的空间分布及其影响因素——基于第六次人口普查资料的分析 [J]. 现代城市研究, 2013, 28 (3): 4-11+32.

[31] 国务院. 2020 年政府工作报告 [R/OL] (2020-05-22) [2021-10-10]. http://www.gov.cn/zhuanti/2020lhzfgzbg/index.htm.

[32] 国务院. 2021 年政府工作报告 [R/OL] (2020-03-05) [2021-10-10]. http://www.gov.cn/zhuanti/2021lhzfgzbg/index.htm.

[33] 李春平, 葛莹玉. 中国人口流动家庭化研究 [M]. 北京: 人民出版社, 2017.

[34] HECKMAN J J. Policies to foster human capital [J]. Research Economics, 2000, 54 (1): 3-56.

[35] 国务院. 国务院关于加强农村留守儿童关爱保护工作的意见 [EB/OL]. (2016-02-14) [2021-10-10]. http://www.gov.cn/zhengce/content/2016-02/14/content_5041066.htm.

[36] 国家发展和改革委员会.国家发展改革委关于印发《2021年新型城镇化和城乡融合发展重点任务》的通知[EB/OL].(2021-04-08)[2021-10-10]. https://www.ndrc.gov.cn/xxgk/zcfb/tz/202104/t20210413_1272200_ext.html.

[37] 郭江平.农村人口流动家庭化现象探析[J].理论探索,2005(3):56-58.

[38] 顾朝林,蔡建明,等.中国大中城市流动人口迁移规律研究[J].地理学报,1999,(3):14-22.

[39] ZHU Y. The floating population's household strategies and the role of migration in China's regional development and integration[J]. Population Space & Place, 2003, 9(6): 485-502.

[40] 于学军.中国流动人口的特征、需求和公共政策思考[J].开放导报,2005(6):20-23+1.

[41] 周皓.中国人口迁移的家庭化趋势及影响因素分析[J].人口研究,2004(6):60-69.

[42] 段成荣,杨舸,张斐,卢雪和.改革开放以来我国流动人口变动的九大趋势[J].人口研究,2008(6):30-43.

[43] 翟振武,段成荣,毕秋灵.北京市流动人口的最新状况与分析[J].人口研究,2007(2):30-40.

[44] 侯佳伟.人口流动家庭化过程和个体影响因素研究[J].人口研究,2009,33(1):55-61.

[45] 宋晶晶.辽宁省流动人口家庭化研究[J].中国集体经济,

2017（36）：17-18.

[46] 王文刚，孙桂平，张文忠，等．京津冀地区流动人口家庭化迁移的特征与影响机理［J］．中国人口·资源与环境，2017，27(1)：137-145.

[47] 扈新强，赵玉峰．流动人口家庭化特征、趋势及影响因素研究［J］．西北人口，2017，38（6）：18-25.

[48] 马肖曼．乡—城新生代人口的家庭迁移模式研究［D］．长春：吉林大学，2017.

[49] 杨中燕，朱宇，林李月，等．核心家庭人口流动模式及其影响因素［J］．西北人口，2015，36（3）：18-22.

[50] 高健，孙战文，吴佩林．农民工家庭迁移状态的演进及其影响因素研究——基于山东省951户的调查数据［J］．统计与信息论坛，2014，29（8）：106-112.

[51] 盛亦男．流动人口家庭化迁居水平与迁居行为决策的影响因素研究［J］．人口学刊，2014，36（3）：71-84.

[52] 吕利丹，王宗萍，段成荣．流动人口家庭化过程中子女随迁的阻碍因素分析——以重庆市为例［J］．人口与经济，2013（5）：33-40.

[53] 赵海涛，朱帆．农业转移人口的超大城市偏好与家庭联合迁移决策［J］．人口与经济，2019（3）：77-90.

[54] 马骍．流动人口家庭化迁移对女性就业影响研究——基于云南省动态监测数据的分析［J］．北京师范大学学报（社会科学版），2017（4）：145-154.

[55] 张丽琼, 朱宇, 林李月. 家庭化流动对流动人口就业率和就业稳定性的影响及其性别差异——基于2013年全国流动人口动态监测数据的分析 [J]. 南方人口, 2017, 32 (2): 1-12.

[56] 杨永贵, 邓江年. 家庭化流动对农民工城市消费的影响效应——基于CHIP2013数据的微观实证 [J]. 经济体制改革, 2017 (6): 91-97.

[57] 陈素琼, 张广胜. 城市农民工家庭化迁移模式变迁及其幸福效应——基于CGSS数据的追踪研究 [J]. 农业技术经济, 2017 (8): 67-80.

[58] 杨发萍. 家庭迁移、居留模式与城—城流动人口老保险参与 [D]. 上海: 华东理工大学, 2017.

[59] 宋旭光, 何佳佳. 家庭化迁移经历对代际流动性的影响 [J]. 中国人口科学, 2019 (3): 92-102+128.

[60] 陈蓉. "举家迁徙"背景下流动人口家庭模式问题之探讨 [J]. 改革与开放, 2012 (23): 35-37.

[61] 盛亦男. 中国流动人口家庭化迁居 [J]. 人口研究, 2013, 37 (4): 66-79.

[62] FAN C C, LI T. Familization of rural-urban migration in China: evidence from the 2011 and 2015 national floating population surveys [J]. Area Development and Policy, 2019, 4 (2): 134-156.

[63] 杨菊华, 陈传波. 流动人口家庭化的现状与特点: 流动过程特征分析 [J]. 人口与发展, 2013, 19 (3): 2-13+71.

［64］张航空，李双全. 流动人口家庭化状况分析［J］. 南方人口，2010，25（6）：40-45+53.

［65］朱明芬. 农民工家庭人口迁移模式及影响因素分析［J］. 中国农村经济，2009（2）：67-76+93.

［66］LI L, LIU Y. Spatial-temporal patterns and driving forces of sustainable urbanization in China since 2000［J］. Journal of Urban Planning and Development, 2019, 145（4）: 05019014.

［67］REN Q, HUANG Q, HE C, et al. The poverty dynamics in rural China during 2000－2014: A multi-scale analysis based on the poverty gap index［J］. Journal of Geographical Sciences, 2018, 28（10）: 1427-1443.

［68］金丹，戴林琳. 中国人口城镇化与土地城镇化协调发展的时空特征与驱动因素［J］. 中国土地科学，2021，35（6）：74-84.

［69］CAO W, ZHOU S, ZHOU M. Operational pattern of urban-rural integration regulated by land use in metropolitan fringe of China［J］. Land, 2021, 10（5）: 1-26.

［70］LIU Y. Introduction to land use and rural sustainability in China［J］. Land Use Policy, 2018, 74: 1-4.

［71］HE Y, ZHOU G, TANG C, et al. The spatial organization pattern of urban-rural integration in urban agglomerations in China: An agglomeration-diffusion analysis of the population and firms［J］. Habitat International, 2019, 87: 54-65.

[72] LIN S, WU F, LI Z. Social integration of migrants across Chinese neighbourhoods [J]. Geoforum, 2020, 112: 118-128.

[73] 石忆邵, 杭太元. 我国城乡一体化研究的近期进展与展望 [J]. 同济大学学报(社会科学版), 2013, 24(6): 50-57.

[74] LI Y, HU Z. Approaching integrated urban-rural development in China: The changing institutional roles [J]. Sustain ability, 2015, 7(6): 7031-7048.

[75] CHEN D, WANG Y, REN F, et al. Spatio-temporal differentiation of urban-rural equalized development at the county level in Chengdu [J]. Sustain ability, 2016, 8(5): 422.

[76] LONG H, GE D, ZHANG Y, et al. Changing man-land interrelations in China's farming area under urbanization and its implications for food security [J]. Journal of Environmental Managment, 2018, 209: 440-451.

[77] ANDERSEN H T, MØLLER-JENSEN L, ENGELSTOFT S. The end of urbanization? Towards a new urban concept or rethinking urbanization [J]. European Planning Studies, 2011, 19(4): 595-611.

[78] HAYASHI T. Measuring rural-urban disparity with the genuine progress indicator: A case study in Japan [J]. Ecological Economics, 2015, 120: 260-271.

[79] HORLINGS L G, KANEMASU Y. Sustainable development and policies in rural regions; insights from the Shetland Islands

[J]. Land Use Policy, 2015, 49: 310-321.

[80] QU Y, JIANG G, TIAN Y, et al. Urban-rural construction land Transition (URCLT) in Shandong Province of China: Features measurement and mechanism exploration [J]. Habitat International, 2019, 86: 101-115.

[81] KNICKEL K, ALMEIDA A, GALLI F, et al. Transitioning towards a sustainable wellbeing economy—implications for rural-urban relations [J]. Land, 2021, 10(5).

[82] WU X, CUI P. A study of the time-space evolution characteristics of urban-rural integration development in a mountainous area based on ESDA-GIS: The case of the Qinling-Daba mountains in China [J]. Sustainability, 2016, 8(11): 1085.

[83] YAN J, CHEN H, XIA F. Toward improved land elements for urban-rural integration: A cell concept of an urban-rural mixed community [J]. Habitat International, 2018, 77: 110-120.

[84] ZHU C, ZHANG X, WANG K, et al. Urban-rural construction land transition and its coupling relationship with population flow in China's urban agglomeration region [J]. Cities, 2020, 101: 102701.

[85] MA W, JIANG G, CHEN Y, et al. How feasible is regional integration for reconciling land use conflicts across the urban-rural interface? Evidence from Beijing-Tianjin-Hebei

metropolitan region in China[J]. Land Use Policy,2020,92(40): 104433.

[86] JENERETTE G D, POTERE D. Global analysis and simulation of land-use change associated with urbanization[J]. Landscape Ecology, 2010, 25 (5): 657-670.

[87] YANG Y, LIU Y, LI Y, et al. Measure of urban-rural transformation in Beijing-Tianjin-Hebei region in the new millennium: Population-land-industry perspective[J]. Land Use Policy, 2018, 79: 595-608.

[88] HUGO G J, SMAILES P J. Urban-rural migration in Australia: A process view of the turnaround[J]. Journal of Rural Studies, 1985, 1 (1): 11-30.

[89] LAMBIN E F, TURNER B L, GEIST H J, et al. The causes of land-use and land-cover change: Moving beyond the myths[J]. Global Environmental Change, 2001, 11 (4): 261-269.

[90] PANIAGUA A. Urban-rural migration, tourism entrepreneurs and rural restructuring in Spain[J]. Tourism Geographies, 2002, 4 (4): 349-371.

[91] KORAMAZ E K. The spatial context of social integration [J]. Social Indicators Research, 2014, 119 (1): 49-71.

[92] BERGER-SCHMITT R. Considering social cohesion in quality of life assessments: concept and measurement[J]. Assessing Quality of Life and Living Conditions to Guide National Policy,

2005, 403-428.

[93] YUE Z, LI S, JIN X, et al. The role of social networks in the Integration of Chinese rural-urban migrants: A migrant-resident tie perspective [J]. Urban Studies, 2013, 50 (9): 1704-1723.

[94] KING R, SKELDON R. 'Mind the Gap!' Integrating approaches to internal and international migration [J]. Journal of Ethnic and Migration Studies, 2010, 36 (10): 1619-1646.

[95] FAN C C. The elite, the natives, and the outsiders: migration and labor market segmentation in urban China. Annals of the Association of American Geographers, 2002, 92 (1): 103-124.

[96] PARK R, BURGESS E. Introduction to the science of sociology [M]. Chicago, IL: University of Chicago Press, 1921.

[97] GORDON M. Assimilation in American life [M]. New York: Oxford University Press, 1964.

[98] PORTES A, ZHOU M. The new second generation: Segmented assimilation and its variants [J]. The Annals of the American Academy of Political and Social Science, 1993, 530 (1): 74-96.

[99] 周皓. 流动人口社会融合的测量及理论思考 [J]. 人口研究, 2012, 36 (3): 27-37.

[100] 杨菊华. 从隔离、选择融入到融合: 流动人口社会融入问题的理论思考 [J]. 人口研究, 2009, 33 (1): 17-29.

[101] 任远, 陈丹, 徐杨. 重构"土客"关系: 流动人口的社会融合与发展性社会政策 [J]. 复旦学报 (社会科学版), 2016, 58 (2): 117-125.

[102] 穆光宗, 江砥. 流动人口的社会融合: 含义、测量和路径 [J]. 江淮论坛, 2017 (4): 129-133.

[103] YANG G, ZHOU C, JIN W. Integration of migrant workers: Differentiation among three rural migrant enclaves in Shenzhen [J]. Cities, 2020, 96: 102453.

[104] BULLER H, HOGGART K. The social integration of British home owners into French rural communities [J]. Journal of Rural Studies, 1994, 10 (2): 197-210.

[105] SEIFERT W. Occupational and economic mobility and social integration of mediterranean migrants in Germany [J]. European Journal of Population, 1997, 13 (1): 1-16.

[106] 王春光. 新生代农村流动人口的社会认同与城乡融合的关系 [J]. 社会学研究, 2001 (3): 63-76.

[107] 任远, 乔楠. 城市流动人口社会融合的过程、测量及影响因素 [J]. 人口研究, 2010, 34 (2): 11-20.

[108] 悦中山, 李卫东, 李艳. 农民工的社会融合与社会管理——政府、市场和社会三部门视角下的研究 [J]. 公共管理学报, 2012, 9 (4): 111-121+128.

[109] 纪韶. 农民工融入城市调查研究——以在北京务工的500个农民工家庭为对象 [J]. 经济与管理研究, 2012 (4): 44-49.

[110] ROJAS V, LEBLANC H P, SUNIL T S. US retirement migration to Mexico: Understanding issues of adaptation, networking, and social integration [J]. Journal of Internation Migration and Integration, 2014, 15 (2): 257-273.

[111] WANG Z, ZHANG F, WU F. Intergroup neighbouring in urban China: Implications for the social integration of migrants [J]. Urban Studies, 2016, 53 (4): 651-668.

[112] 刘建娥. 乡—城移民（农民工）社会融入的实证研究——基于五大城市的调查 [J]. 人口研究, 2010, 34 (4): 62-75.

[113] 夏贵芳, 朱宇, 林李月, 等. 东部三大经济区城市流动人口的多维度社会融入及其地区差异 [J]. 地理科学进展, 2018, 37 (3): 373-384.

[114] 肖子华, 徐水源, 刘金伟. 中国城市流动人口社会融合评估——以50个主要人口流入地城市为对象 [J]. 人口研究, 2019, 43 (5): 96-112.

[115] 高雅, 董志勇. 流动人口跨区域迁移与居留意愿 [J]. 北京联合大学学报（人文社会科学版）, 2018, 16 (1): 107-119.

[116] 邹静, 陈杰, 王洪卫. 社会融合如何影响流动人口的居住选择——基于2014年全国流动人口监测数据的研究 [J]. 上海财经大学学报, 2017, 19 (5): 64-79.

[117] HERRERO J, FUENTE A, GRACIA E. Covariates of subjective well-being among Latin American immigrants in Spain: the role of social integration in the community [J]. Journal of

Community Psychololy, 2011, 39 (7): 761-775.

[118] WANG Z, CHEN L. Destination choices of Chinese rural-urban migrant workers: Jobs, amenities, and local spillovers[J]. Journal of Regional Science, 2019, 59 (3): 586-609.

[119] GAO J, LIU Y, CHEN J. China's initiatives towards rural land system reform [J]. Land Use Policy, 2020; 94.

[120] 国务院. 中华人民共和国土地管理法实施条例 [EB/OL]. (2021-07-30) [2021-10-10]. http://www.gov.cn/zhengce/content/2021-07/30/content_5628461.htm.

[121] LIU Y, ZHANG R, LI M, et al. What factors influence rural-to-urban migrant peasants to rent out their household farmland? Evidence from China's pearl river delta [J]. Land, 2020, 9 (11): 1-20.

[122] SU B, LI Y, LI L, et al. How does nonfarm employment stability influence farmers' farmland transfer decisions? Implications for China's land use policy [J]. Land Use Policy, 2018, 74: 66-72.

[123] FAN C C, SUN M, ZHENG S. Migration and split households: A comparison of sole, couple, and family migrants in Beijing, China [J]. Environment & Plan A, 2011, 43 (9): 2164-2185.

[124] WEN M, LIN D. Child development in rural China: Children left behind by their migrant parents and children of nonmigrant families [J]. Child Development, 2012, 83 (1):

120-136.

[125] HECKMAN J J. Policies to foster human capital[J]. Research in Economics, 2000, 54(1): 3-56.

[126] 国务院. 国务院关于加强农村留守儿童关爱保护工作的意见[EB/OL]. (2016-02-14)[2021-10-10]. http://www.gov.cn/zhengce/content/2016-02/14/content_5041066.htm.

[127] BATTEN D F. Network cities: creative urban agglomerations for the 21st century[J]. Urban Studies, 1995, 32(2): 313-327.

[128] PARR J B. The polycentric urban region: A closer inspection[J]. Regional Studies, 2004, 38(3): 231-240.

[129] 湖北省统计局. 各市州统计年鉴[EB/OL]. (2022-01-25)[2022-01-27]. http://tjj.hubei.gov.cn/tjsj/sjkscx/tjnj/gsztj/whs/.

[130] ZHOU T, JIANG G, LI G, et al. Neglected idle rural residential land (IRRL) in metropolitan suburbs: Spatial differentiation and influencing factors[J]. Journal of Rural Studies, 2020, 78: 163-175.

[131] NéMETH J, LANGHORST J. Rethinking urban transformation: Temporary uses for vacant land[J]. Cities, 2014, 40: 143-150.

[132] 郎晓波. 改革开放以来中国的"乡—城"迁移及其城市融入[J]. 浙江社会科学, 2018(2): 12-19+155.

[133] WANG W W, FAN C C. Migrant workers' integration in urban China: Experiences in employment, social adaptation, and self-identity[J]. Eurasian Geography & Economics,2012,53(6): 731-749.

[134] WU W, WANG G. Together but unequal: Citizenship rights for migrants and locals in urban China. 2014[J]. Urban Affairs Review, 2014, 50(6): 781-805.

[135] TYNER A, REN Y. The Hukou system, rural institutions, and migrant integration in China[J]. Journal of East Asian Studies, 2016, 16(3): 331-348.

[136] 梁土坤. 居住证制度、生命历程与新生代流动人口心理融入——基于2017年珠三角地区流动人口监测数据的实证分析[J]. 公共管理学报, 2020, 17(1): 96-109+172-173.

[137] 悦中山, 李卫东, 李艳. 农民工的社会融合与社会管理——政府、市场和社会三部门视角下的研究[J]. 公共管理学报, 2012, 9(4): 111-121+128.

[138] 钱正荣. 流动人口的社会融合问题研究[J]. 湖北社会科学, 2010(2): 39-42.

[139] 肖宝玉, 朱宇, 林李月. 基于融入—隔离双向对比的流动人口主观社会融合及其影响因素研究——以福厦泉城市群为例[J]. 地理研究, 2020, 39(12): 2796-2807.

[140] 谢桂华. 中国流动人口的人力资本回报与社会融合[J]. 中国社会科学, 2012(4): 103-124+207.

[141] 马肖曼. 乡—城新生代人口的家庭迁移模式研究 [D]. 长春: 吉林大学, 2017.

[142] CHEN Y, WANG J. Social integration of new-generation migrants in Shanghai China [J]. Habitat International, 2015, 49: 419-425.

[143] KEARNS A, WHITLEY E. Getting there? The effects of functional factors, time and place on the social integration of migrants [J]. Journal of Ethnic & Migration Studies, 2015, 41 (13): 2105-2129.

[144] 何军. 代际差异视角下农民工城市融入的影响因素分析——基于分位数回归方法 [J]. 中国农村经济, 2011 (6): 15-25.

[145] 任远, 乔楠. 城市流动人口社会融合的过程、测量及影响因素 [J]. 人口研究, 2010, 34 (2): 11-20.

[146] 李树茁, 任义科, 靳小怡, 等. 中国农民工的社会融合及其影响因素研究——基于社会支持网络的分析 [J]. 人口与经济, 2008 (2): 1-8+70.

[147] 李舍伟, 王贤斌, 刘丽. 流动人口居住与住房视角下的社会融合问题研究 [J]. 南方人口, 2017, 32 (5): 38-47.

[148] KORAMAZ E K. The spatial context of social integration [J]. Social Indication Research, 2014, 119 (1): 49-71.

[149] 李振刚. 新生代农民工文化资本对社会融合影响的实证研究 [J]. 社会发展研究, 2017, 4 (4): 85-104+239.

[150] 田明. 地方因素对流动人口城市融入的影响研究 [J]. 地

理科学, 2017, 37 (7): 997-1005.

[151] 杨菊华. 中国流动人口的社会融入研究 [J]. 中国社会科学, 2015 (2): 61-79+203-204.

[152] 汪明峰, 程红, 宁越敏. 上海城中村外来人口的社会融合及其影响因素 [J]. 地理学报, 2015, 70 (8): 1243-1255.

[153] WANG Z, ZHANG F, WU F. Intergroup neighbouring in urban China: Implications for the social integration of migrants [J]. Urban Studies, 2016, 53 (4): 651-668.

[154] 宋月萍, 陶椰. 融入与接纳：互动视角下的流动人口社会融合实证研究 [J]. 人口研究, 2012, 36 (3): 38-49.

[155] 崔岩. 流动人口心理层面的社会融入和身份认同问题研究 [J]. 社会学研究, 2012, 27 (5): 141-160+244.

[156] 周福林. 中部地区人口流动家庭化和社会融合状况研究——以河南为例 [J]. 洛阳师范学院学报, 2015, 34 (10): 6-11.

[157] 石智雷. 家庭化迁移有助于迁移劳动力城市融入 [N]. 中国人口报, 2013-05-13 (003).

[158] 田艳平. 家庭化与非家庭化农民工的城市融入比较研究 [J]. 农业经济问题, 2014, 35 (12): 53-62+111.

[159] 王荣明. 农民工流动家庭化对其城市融入的影响 [J]. 调研世界, 2016 (6): 37-40.

[160] 谭诗赞. 流动迁移家庭城市融入中的制度排斥与家庭策略 [J]. 华南农业大学学报 (社会科学版), 2017, 16 (2): 110-119.

[161] 刘建娥, 范雅康, 罗明辉. 乡—城移民家庭融入趋势及政

策研究框架——基于2014年国家卫计委流动人口动态监测数据[J].江苏社会科学,2015(4):26-33.

[162] 史学斌,熊洁.家庭视角下的农民工城市融合及其影响因素研究[J].人口与发展,2014,20(5):42-51.

[163] 范纯珂.人力资本对家庭化流动人口城市融入的影响分析[J].统计与决策,2014(11):104-107.

[164] 孙战文,杨学成.农民工家庭成员市民化的影响因素分析——基于山东省1334个城乡户调查数据的Logistic分析[J].中国农村观察,2013(1):59-68+92.

[165] 曹清燕,高燕婷.农民工随迁子女城市融入的心理障碍及其克服[J].广西青年干部学院学报,2017,27(3):13-17.

[166] 卓然.流动儿童的社会融合问题及对策——基于家庭系统理论的视角[J].长春师范大学学报,2016,35(11):67-70.

[167] 栗治强,王毅杰.掣肘与鼓励:农民工随迁子女城市社会融合机制研究[J].华东理工大学学报(社会科学版),2014,29(2):93-100.

[168] OECD. Family ties: How family reunification can impact migrant integration [EB/OL]. (2019-10-15)[2021-10-10]. https://doi.org/10.1787/c3e35eec-en.

[169] 杨菊华,陈传波.流动人口家庭化的现状与特点:流动过程特征分析[J].人口与发展,2013,19(3):2-13+71.

[170] 王建顺,林李月,朱宇,等.典型城镇化地区流动人口流动模式转变及其影响因素——以福建省为例[J].南方人口,2018,

33(6): 1-9.

[171] WHITE H. A heteroskedasticity-consistent covariance matrix estimator and a direct test for heteroskedasticity[J]. Econometrica, 1980, 48(4): 817-838.

[172] BREUSCH T S, PAGAN A R. A simple test for heteroscedasticity and random coefficient variation[J]. Econometrica, 1979, 47(5): 1287.

[173] 祝仲坤. 过度劳动对农民工社会参与的"挤出效应"研究——来自中国流动人口动态监测调查的经验证据[J]. 中国农村观察, 2020(5): 108-130.

[174] DEHEJIA R H, WAHBA S. Propensity score-matching methods for nonexperimental causal studies[J]. Review of Economics & Statistics, 2002, 84(1): 151-161.

[175] ROSENBAUM P R, RUBIN D B. The central role of the propensity score in observational studies for causal effects[J]. Biometrika, 1983, 70(1): 41-55.

附　　录　Pearson 相关系数

Pearson 相关系数

变量	社会融合	性别	年龄	年龄平方	婚姻状况	教育水平	政治身份	家庭规模	健康状况	户籍属性	家庭化迁移
社会融合	1										
性别	0.006	1									
年龄	0.012	0.158***	1								
年龄平方	−0.067***	0.004	0.509***	1							
婚姻状况	0.022	−0.014	0.250***	−0.180***	1						
教育水平	0.209***	0.055***	−0.359***	−0.183***	−0.114***	1					
政治身份	0.017	−0.024	−0.204***	0.084***	−0.192***	0.289***	1				
家庭规模	0.008	0.01	0.01	−0.267***	0.311***	−0.139***	−0.153***	1			
健康状况	0.051***	0.02	−0.303***	−0.192***	−0.074***	0.171***	0.046**	−0.025	1		
户籍属性	0.123***	0.005	0.002	−0.012	−0.01	0.315***	0.109***	−0.073***	0.043**	1	

续表

变量	社会融合	性别	年龄	年龄平方	婚姻状况	教育水平	政治身份	家庭规模	健康状况	户籍属性	家庭化迁移
家庭化迁移	0.081***	0.046**	0.047**	0.011	0.207***	-0.072***	-0.043**	0.226***	-0.022	-0.077***	1
迁移时间	0.124***	0.064***	0.372***	0.143***	0.013	-0.157***	-0.069***	0.083***	-0.139***	-0.007	0.100***
迁移范围	0.046**	-0.006	-0.034*	-0.014	0.022	-0.085***	-0.059***	0.070***	0.029	0.003	0.009
目的地城市	0.166***	-0.039**	-0.058***	-0.062***	0.032*	0.041**	-0.023	-0.051***	0.036*	-0.079***	0.106***
就业状况	0.119***	0.083***	-0.095***	-0.055***	-0.138***	0.211***	0.100***	-0.170***	0.053***	0.049**	-0.152***
工作时长	-0.057***	0.273***	0.177***	-0.082***	0.046**	-0.191***	-0.103***	0.086***	0.006	-0.072***	0.011
出租住房	-0.116***	0.027	0.011	0.012	-0.035*	-0.194***	-0.084***	0.031	0.003	-0.144***	0.130***
自购住房	0.208***	-0.023	0.004	-0.013	0.076***	0.242***	0.070***	0.004	-0.006	0.165***	0.011
其他住房性质	-0.121***	-0.008	-0.022	0.001	-0.055***	-0.051***	0.026	-0.053***	0.003	-0.019	-0.211***

续表

变量	迁移时间	迁移范围	目的地城市	就业状况	工作时长	出租住房	自购住房	其他住房性质
社会融合								
性别								
年龄								
年龄平方								
婚姻状况								
教育水平								
政治身份								
家庭规模								
健康状况								
户籍属性								
家庭化迁移								
迁移时间	1							
迁移范围	-0.057***	1						
目的地城市	-0.019	0.144***	1					
就业状况	-0.105***	-0.144***	-0.003	1				

续表

变量	迁移时间	迁移范围	目的地城市	就业状况	工作时长	出租住房	自购住房	其他住房性质
工作时长	0.126***	0.071***	-0.063***	0.007	1			
出租住房	-0.053***	0.121***	0.022	-0.104***	0.092***	1		
自购住房	0.101***	-0.166***	-0.013	0.088***	-0.190***	-0.767***	1	
其他住房性质	-0.064***	0.055***	-0.015	0.03	0.130***	-0.413***	-0.268***	1

*** ($p<0.01$)、** ($p<0.05$)、* ($p<0.10$) 分别代表估计值在 1%、5%、10% 水平下显著。